de profundis

VIKTOR JEROFEJEW

de profundis

Erzählungen

Aus dem Russischen übersetzt
von Beate Rausch

BERLIN VERLAG

Inhalt

de profundis 7

Wangenknochen und Nase und eine Schlucht 19

Einer zu viel 37

Serie 43

Die trüben Wasser der Seine 55

Im Vorbeifahren 63

Der Feind 69

Elternversammlung 85

Der Bauchnabel 89

Die Macht des Richtplatzes 101

Kugelblitz 113

Mütter und Töchter 125

de profundis

Trotz allem kennen wir unsere eigene Stadt noch nicht gut genug. Das kann ich leider aus eigener Erfahrung bestätigen. Besonders einzelne Stadtteile. Die Begebenheit, die mir widerfahren ist, veranlasst mich, einige meiner Gedanken zu offenbaren.

Erstens muss ich ohne Umschweife sagen: Bei uns gibt es keinen einzigen detaillierten Stadtplan mit sämtlichen Namen von Straßen, Gassen, Springbrunnen usw. Und die alten Pläne sind längst hoffnungslos veraltet. Ich verstehe sehr wohl, dass das Nichtvorhandensein solcher Pläne sich mit strategischen Motiven erklären lässt. Es ist ein Hindernis für eine Invasion der Stadt.

Die Vorstellung, sich zu verirren, schreckt die potentielle feindliche Legion. Doch in langjähriger geduldiger Erwartung fremdländischer Horden verlieren wir selbst die Fähigkeit der Orientierung, was sich auf die Entwicklung des Gleichgewichtsorgans der Jugend verderblich auswirken kann. Wir verwirren den Feind und verwirren damit teilweise uns selbst.

Übrigens sind mir nirgends Begründungen bezüglich des Nichtvorhandenseins detaillierter Pläne untergekommen. Möglicherweise erklärt sich dies ebenfalls aus potenzierter, strategisch bedingter Wachsamkeit. Ich will nicht verbergen, dass alte Pläne, die ich zu Gesicht bekam, ein starkes Gefühl der Rührung auslösten, welches womöglich seinerseits zu ihrer Abschaffung beitrug, da dieses Gefühl durch nichts gerechtfertigt war.

Anstelle gewissenhaft, maßstabgetreu gefertigter Pläne stellte uns die Stadtverwaltung neueste Karten zur Verfügung. Sie sind bewusst unzuverlässig und lassen alle Richtungen anzweifeln, mit Ausnahme wohl des Flusses, der sich wie eh und je in Form einer vorgestülpten Unterlippe durch die Stadt schlängelt.

Mit den detaillierten Stadtplänen verschwanden auch die detaillierten Reiseführer: Das waren feine kleinformatige Bändchen in mehreren Sprachen, in denen dem leiblichen Wohl viel Platz eingeräumt wurde. Außer kulinarischen Empfindungen wecken die erhalten gebliebenen Exemplare eine intensive Vorstellung davon, wie sehr sich die Stadt verändert hat, wie sich ein gemütliches verschneites Städtchen mit gelben, grünen und rosa Häuschen, mit zahllosen, die Gittertore bewachenden, zahm aussehenden Löwen in ein uferloses, von Millionen Straßenlaternen fahl beleuchtetes Gemenge verwandeln konnte.

Die Stadt breitet sich aus wie eine Epidemie, erdrückt und zerstört das historische Zentrum, modelt alles um, was ihr in die Quere kommt, verunreinigt Parks und Grünflächen. Und was, denke ich bisweilen verständnisvoll, wenn die Stadtverwaltung sich alle Mühe gegeben hat, einen neuen und genauen Plan herzustellen, und ihn gar nicht aus Vorsicht zurückhält, sondern weil es nicht genug Landvermesser, Kartographen, Messbänder und sonstige Technik gibt?

Im Allgemeinen beruht die Kenntnis einer Stadt auf der diffusen Erfahrung des Sichfortbewegens über viele Jahre und einer gewissen Beobachtungsgabe, die im Übrigen, bedingt durch verschiedene Lebensumstände, nachlässt. Das kann ich leider aus eigener Erfahrung bestätigen. Nein, ich bin mir dessen bewusst, dass eine Stadt verschiedene, vom Standpunkt des Anstands gesehen, unangenehme Funktionen ausüben muss: ihre Toten beerdigen, Krüppel und Missgeburten an sicheren Orten verwahren, das Funktionieren von Kanalisation und Müllbeseitigung gewährleisten. Als loyaler Einwohner der Stadt kann ich diese Maßnahmen moralisch unterstützen. Früher, auf den alten Plänen, waren die Friedhöfe unserer Stadt als grüne Flächen mit winzigen schwarzen Kreuzchen markiert. Jetzt hat die Stadtverwaltung beschlossen, die städtischen Friedhöfe zu tarnen. Eine vernünftige Entscheidung! Die Friedhöfe haben sich von selbst in strategische Objekte verwandelt, da die Bevölkerung sich mit allen Kräften von jeglichen Gedanken an den Tod ablenken soll. An den Tod zu denken passt überhaupt nicht zu uns.

Eben aus diesem Grunde möchte ich auf Erscheinungen von genau entgegengesetzter Beschaffenheit aufmerksam machen, die nirgendwo berücksichtigt werden und in den Dokumenten städtischer Dienststellen nicht vorkommen.

Es gibt in unserer Stadt so etwas wie vergessene Stadtteile mit heruntergekommenen, halb tot aussehenden Häusern, die nichtsdestoweniger reichlich bevölkert sind. Was das für Bewohner sind, welcher Art ihre Tätigkeiten, ist schwer zu sagen; ich verkehre nicht in solchen Häusern. Allerdings ist mir bekannt, dass sich in den Treppenhäusern Jahre alte Gerüche halten und über dem ganzen Gebiet eine unbeschädigt gebliebene, von einer wunderlichen Doppelspitze gekrönte Feuerwarte thront.

Ich wiederhole, dass mich die Laune eines Taxifahrers dorthin verschlagen hatte, der mit dem Hinweis auf die Überlastung der Hauptverkehrsadern unbedingt diesen Weg nehmen wollte. Ich hatte nichts dagegen einzuwenden. Wir bogen also von der belebten Straße ab und fuhren eine Weile über eine schmale Asphaltstraße, der Länge nach aufgerissen von zwei Paar Straßenbahnschienen.

Es war grau und windig, ein eher herbstlicher Tag.

Ich war mit meinen Gedanken beschäftigt und starrte automatisch aus dem Fenster, ohne irgendeine Beziehung zu dem Raum zu spüren, durch den wir fuhren. Im Grunde lässt mich Architektur relativ gleichgültig, und seit meiner Kindheit kann mich die Hässlichkeit von Stadtlandschaften nicht erschüttern.

In diesem Teil der Stadt gab es weder interessante Restaurants noch avantgardistische Theater oder sonstige Vergnügungsstätten. Die Läden hier verfügten über ein selten karges Warenangebot. Da gab es exakt so viel, um der feindseligen Behauptung widersprechen zu können, wir litten Hunger und liefen barfuß. Der Wagen stolperte auf einmal unbeholfen über die Fahrbahn, und mir dämmerte, dass es sich um Kopfsteinpflaster handelte. Vermutlich war der Fahrer derselben Meinung, obwohl sein Gesicht vage Zweifel ausdrückte. Ein schwarzer Lieferwagen überholte uns und hupte. Die darin sitzenden Leute machten unverständliche Zeichen. Der Fahrer bremste unverzüglich. Ein knirschendes Geräusch.

Ich erinnere mich nicht gut an das Äußere des Fahrers. Verdrossen berührte er mit der Hand den qualmenden Reifen. In der Luft hing ein Geruch von verbranntem Gummi. Passanten blickten in unsere Richtung, aber niemand kam näher.

»Werden Sie den Reifen wechseln?«, fragte ich teilnahmsvoll, übrigens ohne innere Anteilnahme. Ich war verärgert. Ich hatte zu tun und war in Eile. Ich leiste mir kein Taxi, wenn ich es nicht eilig habe.

»Gegen was soll ich ihn denn wechseln?«, blaffte der Fahrer mich an, am Boden zerstört. Der Reifen qualmte.

Ein ganzes Stück entfernt baumelte über den Schienen ein Haltestellenschild der Straßenbahn. Ich zahlte dem Taxifahrer den ausgehandelten Betrag. Seine verlangsamten Bewegungen wurden mir allmählich unangenehm. Es schien, als brauchte man ihn, wie er da vor dem qualmenden Reifen hockte, nur anzutippen, und er würde auf die Seite fallen und selbst zu qualmen anfangen.

Ob ich mich entschlossen habe, meinen Weg fortzusetzen oder nach Hause zurückzukehren? Ich habe mich wohl entschlossen weiterzufahren, denn bisweilen ist unsere innere Trägheit zu groß, um ein Vorhaben zu ändern. Ich lief vorbei an niedrigen Häusern mit mehrfach überpinselten Haustüren, Aufgängen aus rissigem Mauerwerk, tiefen, von Pfützen bedeckten Toreinfahrten und kleinen Fensterchen, die hier von Vorhängen, dort von Zeitungspapier verdeckt waren. Als ich schon beinahe an der Haltestelle stand, wurde die Straße etwas breiter. Hier befand sich die Feuerwarte.

An dieser Stelle der Straße waren mehr Menschen, und sie liefen nicht nur auf und ab, sondern standen auch in Grüppchen und einzeln herum.

»Du müsstest ein bisschen abnehmen«, war eine leise weibliche Stimme zu hören.

»Ach Gott, vergiss es!«, kam hoffnungslos zur Antwort. »Wir sind doch alle so. Mutter hat immer auf drei Stühlen gesessen.«

Meine Aufmerksamkeit wurde von einem Haus in unmittelbarer Nachbarschaft des Feuerwehrturms angezogen. Es war in einer sumpfgrünen Farbe gestrichen, früher musste es anders gestrichen gewesen sein, denn da, wo die staubtrockene Farbe abblätterte, waren bläuliche Flecken zu sehen. Einen schrecklichen Eindruck machte das Schaufenster im Erdgeschoss dieses Hauses. Nein, damit will ich nicht sagen, dass das Haus mehrere Stockwerke hatte. Oberhalb des Schaufensters gab es keine einzige Fensterreihe mehr, dabei war die Fassade ziemlich hoch, wie bei einem Kino, und auf ihrem fensterlosen Teil waren die Buchstaben eines Schildes zu sehen. Doch zunächst zu dem Schaufenster.

Darin waren zwei schön geschreinerte, elegante, helle, nicht sehr große Fichtensärge ohne alle Posamenten und Glanzstoffe ausgestellt. Die Särge waren offen, die nagelneuen Deckel standen akkurat an die Seitenwände des Schaukastens gelehnt. In jedem Sarg lag ein Kind im Vorschulalter. Als ich gespannt genauer hinsah, erwies sich, dass die kindlichen Toten nichts anderes als Schaufensterpuppen waren, bemerkenswert gearbeitet, überhaupt nicht zu vergleichen mit denjenigen, die man gewöhnlich in Geschäften für Kinderkleidung sieht. Neben echten Kindern würden sie etwa so wirken wie außerordentlich gut gemachte künstliche Blumen neben echten.

Es waren Engelchen im süßen Nachmittagsschlummer, eingeschlafen nach einem Spaziergang und einem guten Mittagessen mit einem besonders leckeren Nachtisch. Ungeachtet der Tatsache, dass es in unserer Stadt niemals einheimische Schwarze gegeben hat, war eines der Verstorbenen ein gelocktes Negerkind mit auffallend glänzenden Lippen (als wäre eben erst seine Zunge darüber gefahren), mit weit geöffneten Nasenlöchern und pechschwarzen Wimpern an den geschlossenen Lidern. Es erinnerte an das Negerkind aus einem lustigen Kindertheaterstück, und alles war so dick aufgetragen und präsentiert, wie sich eben die Weißen schwarze Schönheit vorstellen.

In dem anderen Sarg schlief eine kleine blonde Fee mit schwarzer Schleife im Haar, Stupsnase, roten Bäckchen und ebenfalls langen Puppenwimpern. Die Engelchen lagen da, zugedeckt mit weißen Laken oder, besser gesagt, Leichentüchern, aber es war zu sehen, dass das Mädchen ein kokettes, wenn auch den Hals bis oben hin verdeckendes weißes Kleidchen trug und der Negerjunge ein Samtjäckchen und statt einer Krawatte ein Samtbändchen.

Trotz ihres blühenden Aussehens war aufgrund irgendwelcher undefinierbarer Anzeichen klar, dass das hier eben nicht der Schlaf, sondern etwas Kapitaleres war, etwas, das niemals mehr in Wirklichkeit zurückzuverwandeln war. Diese kleinen in ihren Särgen liegenden Puppen warben, wie mir schien, weniger für Beerdigungsausstattungen, sondern eher für das Wesen des Todes selbst. Sogar mehr als das. In dem elegant gestalteten Schaufenster fand ich eine gewisse Todespropaganda, nicht im Sinne einer Existenz der Seele über das Grab hinaus, sondern einer himmelschreiend fleischlichen Existenz innerhalb des Grabes, wenn man sich so ausdrücken darf.

Das Schild an der Fassade war indes unleserlich. Ein Teil der Buchstaben in einer längst aus der Mode gekommenen Schrift war abgebrochen; erhalten geblieben waren lediglich die drei letzten Buchstaben, die man als UNG entziffern konnte. Aller Wahrscheinlichkeit nach hatten die Räumlichkeiten, bevor hier diese Einrichtung mit enger Spezialisierung einzog, ein Geschäft für (Kinder-)Kleidung beherbergt. Es gibt natürlich noch andere Wörter auf UNG, etwa Hoffnung, Erregung, Abneigung, aber sie eignen sich wohl nicht für ein Ladenschild.

Der Eingang befand sich nicht an der Vorderfront, sondern an der rechten Seite, weiter entfernt vom Feuerwehrturm. Die Tür, die ins Geschäft führte, war mit dunkelbraunem gestepptem Kunstleder bezogen. Daran klebten verschiedene Ausschnitte aus Zeitungen und Zeitschriften, wie ein Fächer um den Spion herum angeordnet, unter oder über dem (das weiß ich irgendwie nicht mehr genau) die deutliche Aufschrift prangte: GUCK MAL.

Das war eine gegen mich persönlich gerichtete Provokation. Von Natur aus bin ich ein neugieriger Mensch, ja zugegebenermaßen sogar ein Voyeur. Dies ist überhaupt ein Charaktermerkmal der schöpferischen Persönlichkeit. Voyeurismus ist mehr als eine Leidenschaft, das ist, kann man sagen, eine Berufung. Aber hier erstarrte ich und wagte nicht, mich zu nähern. Hinter der Tür kreischte eine Kreissäge auf. Das Übrige ließ sich vermuten. Da ging die Arbeit offenbar gut voran. Die kleinen Toten wurden herausgeputzt und geschminkt.

Verstohlen blickte ich mich um. Die Leute interessierten sich nicht besonders für das Schaufenster und die Tür mit der Aufschrift GUCK MAL. Ihre Blicke schweiften bisweilen über den von goldfarbenem Licht durchfluteten Raum jenseits der Scheibe, der, so dachte ich plötzlich, an die Schaufenster ausländischer Fluggesellschaften mit ihren teils transparenten Boeing-Modellen erinnerte. Aber die Blicke verweilten nicht, als sei das Schaufenster schon allzu bekannt oder eher nicht von Interesse.

Da ich mich nicht überwinden konnte, durch den Spion zu schauen, mich indes von meinem Kleinmut nicht irritieren ließ, marschierte ich zur Straßenbahnhaltestelle. Ein ungutes Gefühl legte sich mir auf die Seele. Immer mehr Leute versammelten sich.

Deprimiert, wie ich war, bemerkte ich nicht, dass mir eine mondgesichtige Frau mit zerzausten Haaren entgegenkam, deren Gesicht, unberührt von Denken und Herkunft, vom Kummer zerstört war. In den Armen hielt sie ein großes, in eine graue Wolldecke gewickeltes Bündel. Ich wiederhole, dass ich sie nicht bemerkte, das heißt, ich bemerkte sie erst, als ein Windstoß ihr einen Zipfel der Wolldecke aus der Hand riss, und dieser Zipfel, der irgendwie unglaublich lang war, mein Gesicht bedeckte, genauer gesagt, durch den Wind an meinem Gesicht klebte wie ein Kleid an den Beinen. Ich fuhr überrascht zusammen. Ungeduldig riss ich mir das Ende der Wolldecke vom Gesicht, und da sah ich diese mondgesichtige Frau, die mit der Wolldecke kämpfte, um das aufgedeckte und ihr beinahe aus den Armen gefallene Mädchen wieder einzuhüllen.

Das wie durch ein Wunder in den Armen der Mutter verbliebene Mädchen sah überhaupt nicht aus wie die im Schaufenster ausgestellte Werbepuppe. Kurz waren dunkle verfilzte und sehr dünne Haare zu sehen; das Gesicht war eingefallen und zeigte jenen unguten Farbton, den Hühnchen manchmal haben, wenn sie zu lange auf dem Ladentisch gelegen haben. Die Kleidung des Mädchens war absolut nicht werbewirksam; es trug eine braune Strickjacke mit großen Knöpfen wie von einem Mantel. Ein kraftloser Hals schaute hervor. Ich begriff sofort, dass dies ihr einziges Kind war, das sie – unter Missachtung aller städtischen Gepflogenheiten – mit der Straßenbahn hierher gebracht hatte. Und in genau dem Moment, als ich die an meinem Gesicht klebende Wolldecke wegriss, kam es mir als für alle möglichen Eindrücke empfänglichem Menschen so vor, als verströmte die Wolldecke einen süßlichen Geruch, und überhaupt ist es ja ekelhaft, wenn man wie eine Leiche eine Decke übergeworfen bekommt, so dass ich also in diesem Moment durchaus nicht von Mitleid, sondern von Ekel ergriffen wurde, als ich im Gesicht diese mit dem Tod in Verbindung stehende Wolldecke spürte; ich wollte nichts mit diesem fremden herzzerreißenden Tod zu tun haben, ich wollte nicht! Und diese Wolldecke ließ mich gewaltsam daran teilhaben, und vielleicht sah ich die Kindsmutter sogar missbilligend an, weil sie mir die Decke ins Gesicht geklatscht hatte. Aber sie hatte natürlich nichts davon bemerkt und ging rasch an mir vorbei, obwohl sie beinahe das Mädchen aufs Trottoir hatte fallen lassen, doch ich blieb stehen und wusste alles über sie: über die Mutter und das Mädchen, das unglückliche Hühnchen mit dem nackten Bäuchlein und den nackten Beinchen …

Über all das dachte ich noch nach, als die Frau bereits verschwunden war. Ich stand da und spürte die grobe Berührung der Wolldecke, und plötzlich gingen mir die Nerven durch, denn ich habe ja ein Kind; und völlig durchnässt, verängstigt, voller Liebe, aus tiefster Seele flehte ich flüsternd:

»Lieber Gott!«

Und dann ist die Feuerwarte kaum noch zu sehen. Ich renne, keuche. Wer hatte die irrsinnige Idee mit diesem Geschäft? Was war das für ein findiger Direktor? Wer? Und warum? Wie konnte das jemand wagen? Wer hatte sich das erlaubt? Unsere Stadt hatte sich schon allzu sehr in sämtliche Richtungen ausgebreitet, zu unterschiedliches Volk lebte hier, die Stadtverwaltung wurde bisweilen offenbar nicht mehr damit fertig, da musste ja mal etwas außer Kontrolle geraten. So entsteht Willkür und Eigenmächtigkeit wie dieses Geschäft mit dem Spion: GUCK MAL! Aber vielleicht ist das alles nicht einfach so entstanden, sondern als Experiment, als progressive Geschäftsform, und Geschäfte mit Beerdigungsausstattungen für Kinder tauchen bald auch in anderen Stadtteilen auf, aber wie kann man das mit unseren grundlegenden Lebensprinzipien vereinbaren? Wie lässt sich erklären, dass wir uns einerseits solche Euphemismen ausdenken wie »Büro für rituelle Dienstleistungen« und andererseits – oder habe ich da etwas nicht verstanden?

Und dann ist die Feuerwarte überhaupt nicht mehr zu sehen. Am Straßenrand fließt eine schwarze Brühe. Wenn man vom Trottoir hinunterspringt, hat man die Schuhe bis zum Rand voll damit. Es waren kaum Leute unterwegs. Sie gingen nicht, sie huschten vorüber. Niemand führte seinen Hund aus, niemand machte einen Spaziergang. Und mir wurde irgendwie klar, dass unsere Stadt keine Spaziergängerstadt ist. Mit seltenen Ausnahmen an Feiertagen gehen die Einwohner unserer Stadt nicht gern spazieren. Und auch ich renne, keuche. Ich beeile mich, bevor noch etwas Schlimmes geschieht, aus diesem Stadtteil herauszukommen, in den mich der verdammte Taxifahrer gebracht hat!

Und dennoch, warum sind alle immer so in Eile und gehen nie spazieren? Sie könnten doch gut spazieren gehen, in unserer Stadt gibt es schließlich Parks. Und überhaupt besitzt unsere Stadt viele schöne Sehenswürdigkeiten. Es gibt Dinge, die man nirgendwo sonst findet. Einzigartige Dinge! Es gibt zum Beispiel einen Richtplatz im Stil der Renaissance. Die Stadt ist im Großen und Ganzen sauber und adrett. Es wäre schön, den Kindern doch noch das Spazierengehen beizubringen. Sonst tun sie das nicht. Das ist nicht gut. Darum wirken Touristen in den Straßen unserer Stadt ja auch so bizarr.

Wangenknochen und Nase und eine Schlucht

Der Vorleser suchte das Postamt und konnte es nicht finden. Vereinzelte Passanten, auf die er in der Dunkelheit stieß, antworten ihm, die Post sei längst geschlossen. Der Vorleser sagte, er brauche das geschlossene Postamt. Die Passanten – stumpfsinnige, uninteressante Leute – konnten das nicht begreifen: Es ging ihnen nicht in den Kopf, wozu jemand ein längst geschlossenes Postamt brauchte: Das war schon Metaphysik, und sie verschwanden ängstlich im Dunkeln. Übrigens wusste der Vorleser selbst nicht so genau, wozu er ein geschlossenes Postamt brauchte. Er hatte sich öfter lobend über die Post als Ort der Kommunikation geäußert. Er war begeistert von der allgemeinen Zugänglichkeit der Post, und er mochte den Geruch des schokoladenbraunen Klebstoffs und des heißen Siegellacks. Außerdem gab es auf der Post gratis lila Tinte und Federn, die mit viel Druck sogar schrieben – das erinnerte ihn an die Grundschule, die Schulbank mit dem Tintenfässchen, das Leibchen mit den angeknöpften Strümpfen, das er unter der Schuluniformhose anziehen musste – und er trug es, unter lautem Protest, mit Scham und Hass –, ein Tribut an die Irrationalität geschlechtlicher Zugehörigkeit. Dieser Hass nahm später seltsame Formen an: Abscheu gegenüber Damenunterwäsche, all diesen Unterröcken ... Der Vorleser runzelte die Stirn und begrüßte mit Erleichterung die Ära der Strumpfhosen, als würde diese die

Zeit seiner eigenen Erniedrigung endgültig beenden. Büstenhalter blieben allerdings in Gebrauch, und obwohl sie in Glitzerjournalen von hoch gewachsenen Amerikanerinnen mit gut ausgebildeten Kiefern auf dem Scheiterhaufen verbrannt wurden, blieb Galina Wassiljewna, die erste Lehrerin des Vorlesers, ihrem Büstenhalter bis in den Tod treu. Galina Wassiljewna starb leicht und österlich, wie es heutzutage nur noch Grundschullehrerinnen tun. Interessant, ob man Frauen wohl mit Büstenhalter beerdigt? Kürzlich hatte ich einen kleinen Streit mit meiner Frau, und das veränderte den Verlauf meiner Erzählung. Ich fürchte, ich bin viel zu empfänglich für alle möglichen Eindrücke, um Vorleser zu sein. Wie dem auch sei, verlassen Sie sich nicht allzu sehr auf mich, andererseits würde mir wohl niemand widersprechen, dass es gerade auf der Post einen für unsere Zeit seltenen Respekt vor Kleingeld gibt. Ja, da ist Turgenjew nicht mehr wert als ein Glas Sprudelwasser mit Geschmack aus dem Automaten, und es braucht mindestens vier Turgenjews, um Pauline Viardot, die ihr braunes Rennpferd gegen einen Volvo getauscht hat, mit einem traurigen französischen Brief zu beglücken, den zu schreiben man zu träge ist. Der Schriftsteller hatte irgendwann einmal die Viardot auf einer alten kratzenden Schallplatte singen gehört; das war die Stimme einer absolut unglücklichen Frau, betrogen von einem russischen Adligen. Aber eine geschlossene Post ist eine kalte, scheußliche Angelegenheit, und der Vorleser erschrak plötzlich und fragte sich, ob man ihn vielleicht hierher gelockt hatte, um ihn vor der verschlossenen Tür fürchterlich zu verprügeln. Bei der Lesung hatte er ein Zettelchen bekommen, auf dem stand: »Genosse Künstler! Entschuldigen Sie, aber Ihre Hosenfalle steht offen!« Der Saal roch friedlich nach Gummischuhen, Kosmetik, süßem Wein. Die andere Angst, die der Vorleser auf Lesereisen mit sich herumschleppte, hatte eine stark ausgeprägte venerische Tendenz.

Außerdem hatte der Vorleser nasse Füße bekommen; das Trottoir war voller Löcher und Pfützen. Als er gerade das gefährliche Postamt gegen sein Hotelbett mit Buch sowie weiße Wollsocken eintauschen wollte, welche aus der Zeit stammten, als er noch anständig Tennis spielte – lang war's her –, tauchte die Post, ein geschlossenes altes Postamt, plötzlich auf, vielleicht aber auch nicht, und es wurde bloß von der drohenden Erkältung, dem durchlöcherten Trottoir, dem Ehestreit, wovon auch immer, gewissenhaft imaginiert. Der Vorleser tat einen Schritt. Daraufhin geschah Folgendes: Eine große Gestalt im Damenmantel stürzte auf hohen Absätzen davon. Der Vorleser drückte sich an die Wand, bereit zu einem freudlosen Kampf, sich selbst verfluchend. Jemand rief mit schwacher Stimme: Nataschka! Nataschka! Der Vorleser hielt nach dem schwachen Schrei Ausschau – da irgendwo wurde geatmet, geräuschvoll, unregelmäßig. Er blickte zum Himmel (da war kein Himmel), vor seine Füße; er pfiff ein wenig vor sich hin. Dort atmete man noch immer und entfernte sich nicht vom verabredeten Treffpunkt. Eine Minute verging.

»Also haben Sie mir geschrieben?«, fragte der Vorleser endlich.

Eine Antwort blieb aus, aber durch das Atmen hindurch meinte der Vorleser Weinen wahrzunehmen. Trotz der spärlichen Beleuchtung konnte der Vorleser feststellen, dass mädchenhafte Schüchternheit, Aufregung, Herzklopfen und Bescheidenheit..., kurzum, der Gegenstand der Rührung wurde verkörpert durch eine stämmige und kräftige kleine Gestalt. Die Gestalt trug eine schwarze Hose mit Schlag und eine gesteppte Nylonjacke, eine Art Anorak mit gelben Streifen. Die Haarspitzen reichten bis auf den Kragen; die Haare waren knallig kupferrot. Der Vorleser hatte nichts gegen mädchenhafte Schüchternheit und brummte:

»Na, wieso sagen Sie denn nichts?«

Mädchenhafte Schüchternheit, Zaghaftigkeit und Herzklopfen antworteten nicht. Der Vorleser wusste, das war's, winkte ab und ging schlafen ... Basta. So starb eine Erzählung, sinnlos, ganz plötzlich, ohne sich irgendwie entwickelt zu haben, und alles Übrige sind Nachsätze, ein Postskriptum, falsche Beschuldigungen, erhoben gegen ein unschuldiges Kind.

»Wie heißen Sie?«, fragte der Vorleser zärtlich.

»Sag ich nicht«, sagte sie und sah ihn an, als wollte sie zubeißen. Der Vorleser war sprachlos, unwillkürlich hingerissen von dem Gesicht, das aus der Dunkelheit heraustrat. Die Idee erfuhr freudig ihre Anwendung, der Traum war vorbei, die Idee begann sich zu entfalten. Von so einem Mädchen hatte er nicht zu träumen gewagt, so ein Mädchen war für ihn unerreichbar gewesen, es gehörte einer ganz anderen Dimension des Lebens an, und wenn er solche Mädchen in einer Menschenmenge sah, dachte er: was für eine Fratze. Er dachte: Das ist eine, die Prinzipien untergräbt, eine Bewahrerin absolut unschätzbarer Kostbarkeiten; eine, die aus dem Umfeld gewohnter Vorstellungen herausfällt. Jetzt verneigte er sich vor ihr. Er würde sich bemühen, ihr einen Abend zu schenken, den sie nicht vergessen würde, und obwohl seine Möglichkeiten durch die ganze Hässlichkeit dieser dunklen Stadt begrenzt waren, würde er sich bemühen. Und nicht Mitleid, nicht Mitgefühl ... Nein.

Wie ein Urlauber, der seine Initialen am Stamm einer Platane im Woronzowski-Park hinterlässt, wollte er eine Spur hinterlassen ..., ein mystisches Bedürfnis. Er würde in ihren Erinnerungen leben, mochte er auch verzerrt und komisch aussehen, dafür aber rein – er wollte Reinheit und keine üble Wollust, keinen billigen Genuss, er wollte ihren Genuss, ihre Freude – für sich selbst.

»Ach, ich weiß auch so, wie Sie heißen«, lachte der Vorleser.

»Wissen Sie nicht«, versetzte Ljussja ärgerlich.

»Geben Sie mir die Hand. Ich rate mal.« Sie streckte ihm ungläubig ihre Hand hin; sie war kräftig wie bei einem Mann, mit kurzen Fingern, und die Handfläche war hart und trocken wie altes Weißbrot.

»Sie heißen Ljussja«, verriet der Vorleser nach eingehender Betrachtung der Hand.

»Wie haben Sie das bloß erraten!«, rief Ljussja erschrocken. Rätselhaft lächelnd, überredete der Vorleser sie mit altmodischer Liebenswürdigkeit zu einem Restaurantbesuch.

»Wie steht es bei euch so mit der Versorgung?«, fragte der Vorleser, Ljussja vorsichtig unterhakend. »Wie steht's mit Fleisch?«

»Oh, Fleisch hat's viel, sehr viel«, antwortete Ljussja.

»Und gibt es auch Randalierer?«

»Die gibt's auch«, antwortete Ljussja.

Als Ljussja das Restaurant erblickte, wehrte sie sich mit so grimmiger Verbissenheit, dass der Vorleser bereits an seinem Erfolg zweifelte. Als er sie endlich, unter Verwünschungen und Drohungen, herumgekriegt hatte, schrie der Türsteher, der von innen abgeschlossen hatte und durch einen Spalt zwischen den Vorhängen hindurchspähte: »Geschlossen!« – »Ich wohne hier im Hotel!«, schrie der Vorleser zurück. Ljussja nutzte die kleine Verzögerung für einen Fluchtversuch und schlug einen Spaziergang anstelle des Restaurantbesuchs vor. Der Vorleser, durchgefroren im kalten Wind, kämpfte an zwei Fronten: Der Türsteher kapitulierte als Erster – gegen ein Entgelt; Ljussja gestand, noch nie in einem Restaurant gewesen zu sein. Sie zupfte ihre himbeerrosa Strickjacke mit einer riesigen gelben Anstecknadel zurecht, auf der Wange an Wange zwei Frauen mit lockigem Haar sangen. Auch im Restaurant wurde gesungen, eine Tanzcombo dröhnte, der Garderobenmann, der sich wegen Behinderung und Trunksucht kaum auf den Beinen halten konnte, nahm dem Vorleser und Ljussja widerwillig die Mäntel ab – und der Vorleser betrat stolz erhobenen Hauptes mit Ljussja am Arm den Saal; Ljussja hochrot und mit kupferrotem Haar.

Den Oberkellner fanden sie in der Küche – er saß auf dem erkaltenden Herd und knutschte mit der Köchin.

»Sehen Sie«, sagte der Oberkellner zum Vorleser und berührte der Anschaulichkeit halber die Herdplatten, »alles kalt. Nichts zu machen, sozusagen ...«

Die Köchin – sie war noch nicht alt und von der Art, dass ihre Kittelknöpfe bei jeder Bewegung in den Knopflöchern knarrten – dachte: Na, da hat er sich vielleicht eine angelacht. Und sie wippte missbilligend mit dem Fuß.

»Nehmen Sie Huhn Kiew?«, fragte der Oberkellner, der sich keineswegs durch den Vorleser beleidigt fühlte. Die Köchin betrachtete Ljussja mit unverhohlener Verachtung. Die Köchin wollte auf einmal den Vorleser haben und nicht mehr so sehr den Oberkellner. Die Köchin hatte Kinder: ein siebenjähriges Mädchen und einen vierjährigen Jungen. Ihr Mann war durch einen elektrischen Schlag umgekommen. Der Tisch wurde gedeckt; der Vorleser machte Ljussja ein hübsches Kompliment.

»Na, na!«, sagte Ljussja zweifelnd.

Ljussja lernte einen medizinischen Beruf und wohnte im Wohnheim, ihre Eltern lebten in einem ganz kleinen Städtchen in der Nähe und hielten offenbar Vieh. Jeder Tanz war der letzte. Füllige aufgekratzte Frauen hatten Männer im Schlepptau, die gegen die Tische rempelten. Die jüngeren Frauen hüpften flott herum, mal das eine, mal das andere Bein nach vorn schleudernd, in der Absicht, den Partner an der Kniescheibe zu treffen. Die ganz Flotten trafen in die Leistengegend, und dabei lachten sie verschlagen. Der Partner versuchte dem Tritt mit einer wellenartigen Bewegung des Oberkörpers auszuweichen und lächelte dabei überhaupt nicht. Die älteren, gesetzteren Frauen hüpften nicht, sondern schwammen eher, den erhitzten Kopf auf die Schulter geneigt. Die älteren und schlankeren Männer gingen manchmal in die Hocke, wobei ihnen eine Haarlocke in die Stirn fiel. Ein Leutnant, Absolvent der Artillerieschule, der im hinteren Teil des Saals seine Hochzeit feierte, tanzte stur zu jeder Musik Walzer.

»Gehen wir tanzen!« Ljussja hielt es nicht mehr an ihrem Platz, und sie und der Vorleser sprangen ein bisschen herum. Plötzlich passierte etwas: Die Braut rannte zur Tür, die Verwandten ihr nach, mit Krawatte und Minirock, an der Tür wurde geschrien, diskutiert, der Türsteher vom Stuhl gestoßen, und seine Schirmmütze rollte eiernd in den Saal, die Braut kam im rostroten Mantel zurück, den Arm voll Nelken, der junge Artillerist stürzte auf sie zu; ihre Flucht war nur vorgetäuscht, ging nicht weiter als bis zu eifersüchtigen Verdächtigungen ihrer betrunkenen Freundin, aber der Tag war unberechenbar, voller Nervosität; da konnte alles Mögliche passieren.

»Fünfzehn«, sagte Ljussja und schlug die Augen nieder.

»Wie alt?«, fragte der Vorleser nach. Die Tanzcombo packte endlich zusammen und verschwand.

»Sie tanzen sehr gut«, sagte der ganz rot gewordene Vorleser, während er Ljussja Kognak anbot.

»Ja, das kann ich«, stimmte Ljussja zu und trank argwöhnisch den Kognak aus ihrem Weinglas.

»In der Literatur«, sagte Ljussja, »liebe ich Puschkin.«

»Ich auch, ich mag Puschkin auch«, sagte der Vorleser.

Das Huhn schmeckte, obwohl es eigentlich nicht besonders essbar war.

»Ljussja, erlauben Sie ... Haben Sie einen Hals?«

»Ziemlich viel«, sagte Ljussja verlegen.

Was war dann?

Dem frühlingshaften Matschwetter entsprechend weichte

auch die Erzählung auf, Ljussjas Gesicht zerfiel in kleine Stücke und schwamm in den Pfützen, der Vorleser fischte es aus den Pfützen wieder heraus, hielt es fest zwischen den Handflächen, doch das Gesicht rann ihm durch die Finger … Kalte realistische Winde machten dem Unfug ein Ende. Sie ließen die Geschichte wieder ein bisschen anfrieren. Ein Mond mit dem Profil von Konstantin Leontjew ging auf. Da fragte Ljussja:

»Was mögen Sie mehr, Hunde oder Katzen?« Die Hand des Vorlesers streichelte Ljussjas Handgelenk. Ljussja nahm die Liebkosung mit träger Ergebenheit hin.

»Eigentlich«, sagte der Vorleser, enttäuscht von dieser Ergebenheit, »gefallen mir Giraffen. Ja, wohl eher Giraffen …«

Ein unbekannter Mann trat an ihren Tisch und brachte den Wunsch zum Ausdruck, den Vorleser auf den Mund zu küssen. Der Unbekannte hatte wohl geglaubt, der Vorleser würde einverstanden sein, doch der weigerte sich strikt. Der unbekannte Mann holte aus, um den Beleidiger zu schlagen, da ging das Licht aus, was im Zeichensystem des Gaststättenwesens Trennung, einen weiten Weg und das Schlagen einer Uhr bedeutet, und als es wieder anging, war der unbekannte Mann verschwunden. Der Vorleser warf einen Blick unters Tischtuch, ob sich der unbekannte Mann nicht dort versteckt hatte, aber unter dem Tischtuch waren Hosenbeine aus schwarzem Krepp und noch eine zerknüllte Serviette, aber der Unbekannte war dort nicht.

»Nein, Giraffen gelten nicht«, sagte Ljussja. Sie blickte den Vorleser an – der erstarrte.

»Sehen Sie, Ljussja …«, sagte der Vorleser, der sich wegen der Giraffen schämte, »Sie sind wunderbar!«

Ljussja prustete in ihren Teller.

»Widersprechen Sie nicht!«, rief der Vorleser aus. »Was soll ich denn machen, wenn mir … Nein, Hunde sind mir begegnet: Bulldoggen, Pudel, Dackel, viele Dackel. Aber Katzen habe ich keine gesehen, die sind mir nicht untergekommen ... Das hat sich so ergeben.«

»Sie lügen!«, platzte es aus Ljussja heraus. »Katzen gibt es in jeder Stadt wie Sand am Meer!«

Die Kellner begannen die Betrunkenen hinauszutragen; die Betrunkenen krakeelten ein wenig in ihren Armen.

»Wie Sand am Meer, dafür kann ich mir auch nichts kaufen ...«, seufzte der Vorleser.

Der Vorleser besann sich plötzlich, fuchtelte mit den Händen, begann sich zu entschuldigen und sagte, er habe Katzen gesehen, es sei gelogen gewesen, dass er keine gesehen hätte, es sei ihm peinlich, dass er gelogen habe, und er habe Katzen lieber, ja, lieber als Hunde, obwohl Hunde auch nicht schlecht seien, sie hätten auch was, also, nun ja ..., wenn man zum Beispiel die Schnauze nehme ...

»Ich wusste es!«, rief Ljussja erleichtert aus. »Ich wusste es, dass Sie Katzen lieber mögen als Hunde ... Möchten Sie, dass ich Ihnen ein Geheimnis verrate?«

»Bitte«, flüsterte der Vorleser in schwarzsamtenem Flüsterton.

»Ich sammle Katzenpostkarten.«

»Sag mal, du Künstler, aber ehrlich, wie viel kassierst du pro Auftritt?« Der Vorleser blickte in den Saal. Der Saal roch nach Schokoladenkonfekt. Man beobachtete ihn durch einen Feldstecher. Der Vorleser mochte das nicht. Als er den Zettel auseinander faltete, brach die letzte Reihe in schallendes Gelächter aus, und gleich auf das Gelächter folgte das durchdringende Kreischen eines Mädchens, es war das fröhliche Kreischen eines befreiten Körpers. »Da haben sie Nataschka den BH aufgemacht«, erklärte Ljussja später. »Unsere Nataschka, weißt du, was die macht? Sie spielt Basketball.«

»Und hast du eine große Sammlung?«

Ljussja sah den Vorleser entsetzt an – sie standen in der

Schlange zum Garderobenmann, dessen Bewegungen so ungeschickt waren.

»Knaster …«, sagte Ljussja mit gedämpfter Stimme.

»Was für ein Knaster?« Der Vorleser drehte sich um.

Es stellte sich heraus, dass in der Schlange ein Lehrer der Clara-Zetkin-Schule stand, der Ljussja einmal vor allen Mitschülern als Schwachkopf bezeichnet hatte. Dafür nannten ihn alle immerzu Knaster, Knaster wusste und hasste das, und er trug einen ellenlangen Schlips fast bis zum Knie. Rosa mit hellblauen Punkten.

»Unsinn«, sagte der Vorleser, während er Knaster mit einem Auge taxierte. »Er begreift und sieht überhaupt nichts.«

Aber Ljussja starrte Knaster wie verhext an, und Knaster sagte, wobei sein Gesicht leicht zuckte:

»Ich sehe alles, Petrischtschewa! Ich sehe alles!« Der Schlips baumelte vorwurfsvoll wie ein Pendel hin und her.

»Sie haben sich in der Person geirrt!«, sagte der Vorleser und trat drohend auf ihn zu. »Das ist meine Frau – die Sängerin Galina Wischnewskaja. Wie kommen Sie auf Petrischtschewa! Sie sollten mal zum Augenarzt gehen!«

Knaster war kein großer Mann und offenbar kein Kämpfer; bange sah er den Vorleser von der Seite an.

»Ich nehme alles zurück«, sagte er versöhnlich.

»Das nenne ich männlich«, lobte ihn der Vorleser, und er und Knaster tauschten einen lang anhaltenden Händedruck, wonach Knaster ihm eine Papirossa anbot. Der Vorleser steckte sich die Papirossa in den Mund, doch das Feuer lehnte er ab.

»Überall glaube ich meine Schülerinnen zu sehen«, klagte Knaster. »Sogar zu Hause, da kommt es vor, dass ich dasitze und esse, und das Kreischen meiner Schülerinnen kommt unterm Kühlschrank hervor. Oder ich lege mich ins Bett – und sie sind schon zur Stelle, zerren an meiner Unterhose und machen mir die Hölle heiß. Ich habe mir einen Reisigbesen gegen sie angeschafft, ich versuche sie damit zu vertreiben, aber sie langen immer bloß nach meiner Unterhose, verstehen Sie, es ist richtig gemein. Schlimme Mädchen sind das.«

Draußen war es windig und feucht. Der Vorleser schlug den Kragen seines Regenmantels hoch; vom Wind schmerzten ihm die Ohren. Große dreckige Eisklumpen schwitzten Dreck aus. Eine Losung knatterte im Wind.

»Wann wird es bloß endlich wärmer?«, sagte der Vorleser grimmig.

Ljussja lief nachdenklich neben dem Vorleser her, voller Verehrung wegen seines Sieges über Knaster. Der Vorleser war jetzt endgültig müde und tendierte dazu, einfach schlafen zu gehen. Ihn schreckte die Vorstellung, seine Begleiterin weiß Gott wohin nach Hause bringen zu müssen …

Es stellte sich die Frage: wohin? Das Wohnheim taugte nicht. Was das Hotel betraf, so gaben dort die Empfangs- und Etagendamen den Ton an – wenn man es aber schlau anstellte und mit Hilfe des Autors die herrschenden Vorschriften überwände, erhielte die Erzählung einen phantastischen Anstrich, ließe den misstrauischen Leser aufmerken, der, einmal in Zweifel gestürzt, des Weiteren überhaupt nichts mehr glauben würde. Also musste man – dem Leser zu Gefallen – den Vorleser ins Erdgeschoss umquartieren, ihm ein Einzelzimmer zuweisen, das Fenster weit offen stehen lassen und die Szenerie eines menschenleeren Hofes zeichnen, die schwere Heldin durchs Fenster wuchten, ihr hinaufhelfen – der Vorleser ächzte, lief rot an, na los! – Ljussja fuhr dem Vorleser mit dem Absatz quer über die Wange – und war im Zimmer. Und nun sitzt sie da im Sessel; auf dem Tischchen die Kringel von Gläsern, der Vorleser spült zwei Gläser im Badezimmer aus, das nicht umsonst erdacht wurde, aber jener Dienstreisende, der gegen Morgen hereinplatzte, da er unter der Tür einen Lichtstreifen gesehen hatte, blieb lediglich in der Rohfassung erhalten. Für ihn fand sich kein Platz – die Erzählung nahm eine andere Entwicklung, und der Dienstreisende blieb auf der Strecke.

»Ja«, sagte der Vorleser, während er dagestanischen Kognak einschenkte, »man könnte beinahe sagen: ein Abenteuer.«

Ljussja warf die Jacke ab. Wieder sangen die beiden gelockten Frauen über ihrem Herzen.

»Den Knaster hast du vielleicht toll abgewimmelt!«, konnte sie sich nicht beruhigen.

Der Vorleser zog die Vorhänge zu und ließ sich schwer in den Sessel neben ihr fallen.

»Trinken wir?«

Sie tranken.

»Ja …«, sagte der Vorleser. »Eine medizinische Ausbildung … Hast du Leichen gesehen?«

»Hab ich«, sagte Ljussja.

»Und? Ist es schrecklich?«

»Ich weiß nicht«, sagte Ljussja.

Der Vorleser betrachtete traurig das Bett und konnte sich keine Fortsetzung vorstellen.

»Kannst du auch Gedichte schreiben?«, fragte Ljussja.

»Natascha und ich kommen immer später«, dichtete der Vorleser. »Natascha und ich sind Sanitäter.«

Ljussja begriff, dass der Vorleser einen Witz gemacht hatte, und kicherte fröhlich. Dabei wurde ihr Gesicht dicker. Der Vorleser wusste nicht, was er noch sagen sollte, und sagte:

»Na schön, höchste Zeit, schlafen zu gehen.«

»Ich gehe«, sagte Ljussja erschrocken.

»Wo willst du denn hin?« Der beschlagene Leser wird die alltägliche Grobheit dieses Satzes schätzen; manche Leserin (die besonders sensible) wird darüber eine Träne vergießen.

Der Vorleser stand auf, ging mit unsicheren Schritten auf Ljussja zu und berührte ihre raue Wange.
»Wie alt bist du?«
»Fünfzehn.«
Der Vorleser hatte geglaubt, dass ihre Antwort ihn ein wenig ermutigen und trösten würde, doch der Trost wollte sich nicht einstellen. Er gestand sich ein, dass er zu weit gegangen war. Dass da nichts war, woran er sich festhalten konnte, gestand er sich ein.
»Na schön«, sagte der Vorleser und gab Ljussja einen misslungenen Schmatz auf die Nase statt auf den Mund. Die Nase war kalt und irgendwie knetgummiartig oder so.
»Du bist entzückend«, sagte der Vorleser mit nicht sehr überzeugter Stimme.
»Lass mich gehen, mir ist schlecht!«, flehte ihn Ljussja an und stieß ihn weg. Der Vorleser drückte sie in den Sessel, sie küssend.
»Meinst du«, der Vorleser wurde auf einmal sauer, »mir geht es gut? Gut, meinst du? Gut, ja?«
»Lass mich los ...«, wehrte sich Ljussja. »Lass mich!«
»Tu ich nicht«, antwortete der Vorleser finster. »Was hast du eigentlich?«, wunderte er sich. »Was ist los?«
Ljussja schluckte, zuckte – und kapitulierte. Ein heißer und starker Schwall traf den Vorleser mitten rein, klebte ihm Nase und Augen zu. Der Vorleser erstarrte, Schlimmes ahnend. Er plumpste zu Boden und rieb sich die Augen. Über der Sessellehne hängend, stützte sich Ljussja mit den Händen am Boden ab und sprudelte kollernd wie ein großer Vogel. Würgend stürzte der Vorleser wie der Blitz ins Bad, drehte den Wasserhahn auf und steckte den Kopf darunter. Er schnaubte lange, spuckte aus, wusch sich ab, fluchte. Dann, nachdem er sich mit einem Handtuch richtig abgetrocknet hatte, sah er vorsichtig in den Spiegel.

Der Spiegel reflektierte absolute Verwirrung der Gesichtszüge. Der Vorleser betrachtete mit Interesse diese erstarrte Maske der Verwirrung – und plötzlich wurde die Maske von einem lautlosen, reinen Gelächter zerrissen.

»Na, die hab ich beglückt ...«, schnaubte der Vorleser, »und wie ...«

Er ging ins Zimmer zurück. Ljussja stützte sich wie zuvor auf die Hände und hatte Angst, sich zu rühren. Der Vorleser machte das Fenster weit auf und trat zu ihr, strahlend vor Freude.

»Na, na, das kann vorkommen«, sagte er, Ljussja über den Kopf streichelnd. Er half ihr aufzustehen und führte sie ins Bad. Sie konnte kaum gehen, murmelte unverständliche Worte, aber im Bad sagte sie böse und bestimmt:

»Ich will nicht auf die Miliz!«

Der Vorleser wischte ihr das Gesicht mit einem kalten nassen Handtuch ab und sagte richtig menschlich zu ihr:

»Guck mal, Ljussja. Du wäschst dich jetzt, und dann schläfst du. Wir sind beide sehr müde.«

Sie sah ihn an und begann zu weinen.

»Hör auf«, kommandierte er. »Ab in die Wanne. Zieh dich aus und steig in die Badewanne.«

»Hasst du mich sehr?«

Da sagte der Vorleser viele schöne, zärtliche Worte zu ihr, verließ das Bad und lehnte die Tür hinter sich an. Er zog ein altes, verwaschenes kariertes Hemd aus dem Koffer, knüllte es zusammen und schleuderte es in Richtung Ljussjas Sessel. Er würgte wieder, Schweiß trat ihm auf die Stirn, lief ihm bis zum Kinn herunter, doch der Mut verließ ihn nicht. Er ging ins Bad, um das Hemd auszuwaschen, und Ljussja lächelte ihn gequält aus der Badewanne an.

»Ich guck ja nicht, ich guck nicht«, brummte er, und wirklich guckte er nicht und sah nichts. Schließlich hatte er das Bett gemacht, einen schönen beigefarbenen Pullover übergezogen, der nach Rasierwasser roch, und sich mit einer Zigarette hingelegt; die Fenster hatte er zuvor geschlossen. Der Vorleser hatte geschnuppert und befunden, dass die Luft ganz in Ordnung war und man schlafen konnte. Er rauchte die Zigarette zu Ende und döste ein.

Er erwachte durch eine Berührung von Ljussjas Hand. Sie saß in der Dunkelheit auf dem Bettrand und streichelte dem Vorleser übers Haar.

»Leg dich hin«, lächelte der verschlafene Vorleser sie an, wobei er näher an die Wand rückte, »es ist doch kalt – du wirst dich erkälten.«

»Und der Dienstreisende kommt nicht?«

»Dummerchen!«, lächelte der Vorleser. »Den gibt's nur in der Rohfassung.« Sie legte sich hin, den großen Körper an ihn gedrückt.

»Du bist so gut«, sagte sie, »so gut …«

Der Vorleser rieb sich verlegen mit dem Finger die Nasenwurzel und dachte darüber nach, ob er zu einer weiteren guten Tat fähig wäre. Doch, entschied er, sich nicht besonders über den Weg trauend, so wird es besser sein, so wird es richtiger sein – ohne kümmerlichen Versuch …

»Woher hast du eigentlich gewusst, wie ich heiße?«, fragte Ljussja.

»Dein Vorschlag, zur Post zu kommen, war doch mit Ljussja unterschrieben.«

»Das war Nataschka, die den Zettel geschrieben hat, und sie hat mir nicht mal was davon gesagt«, sagte Ljussja.

»Ich habe geglaubt, dass man mich vor der Post verprügeln will«, gestand der Vorleser. Er erzählte von den anderen Zettelchen. Ljussja schlug sich auf die Seite des Vorlesers und war empört.

»Das waren unsere Jungs, die haben einfach Blödsinn gemacht, weil ihnen nichts Besseres einfiel. Wir mussten doch zu deiner Lesung, das war Pflicht ...«

»Das habe ich mir gedacht«, sagte der Vorleser.

»Nataschka ist doch ein Miststück ...« Sie schwieg. »Weißt du, uns verbindet ein Geheimnis.«

»Ein Liebesgeheimnis?«, fragte der Vorleser teilnahmsvoll.

»Nein, was ganz anderes ... Aber sag es niemandem weiter. Versprochen?«

»Mmh«, nickte der Vorleser.

»Schwöre!«, sagte Ljussja, sich auf den Ellenbogen stützend. Der Vorleser betrachtete von der Seite und teilnahmslos ihre kleinen Brüste, die nicht zu dem großen Körper passten, und schwor feierlich.

Da begann sie ihm eine verworrene Geschichte ins Ohr zu flüstern, in der zunächst ein Kinobesuch vorkam, dann war da eine große Ansammlung von Leuten, die alle drängelten und lärmten, und plötzlich löste sich irgendein Mädchen aus der Menge; also, das war sehr schick angezogen, nach der neuesten Mode, und es ging dann irgendwohin, und zwei Schatten schlichen ihm nach, einen Zaun entlang natürlich, immer an einem Zaun entlang, und dann durch die Schlucht; kurzum, sie liefen ihm hinterher, und das Mädchen, das war nicht von hier, eindeutig nicht von hier, es lief schnell, dann schon sehr schnell, dann rannte es, sah sich immer wieder um und drückte die Handtasche mit dem Lippenstift an sich – aber es schaffte es nicht ... –, dann fingen sie an, sich zu prügeln, das Mädchen an den Haaren zu ziehen und runter auf den Boden, runter, und da fängt es an zu schreien ...

Diebinnen, dachte im Traum der Vorleser betrübt, arme Dinger, Diebinnen, Freundinnen, kleine Mädchen ...

Der Traum riss ab.

»Was?«, fuhr der Vorleser zusammen. »Was hast du gesagt?« Ljussja schwieg und verkroch sich an seinem Hals. »Mit einem Strumpf?«, fragte der Vorleser nach.

Sie nickte an seiner Schulter.

»Sie hat Nataschka mit ihren Krallen das ganze Gesicht zerkratzt«, sagte Ljussja, »und mich hat sie hier gebissen und hier auch.«

»Und wohin habt ihr sie dann ...?«

»Wir sind weggelaufen«, sagte Ljussja. Der Vorleser räusperte sich.

»Wann war das?«

»Genau vor meinem Geburtstag ..., im Oktober ..., am sechzehnten Oktober.«

Der Vorleser setzte sich aufs Bett und sah Ljussja benommen an. Ihr Gesicht war aufgelebt, und nun lebte es durch Angst, Verfolgung, das Geständnis. Der Vorleser sah mit Respekt die Wangenknochen und die Nase und die Schlucht ... Alles bekam einen Sinn.

»Wieso haben sie euch nicht geschnappt?«, staunte er zaghaft. Ljussja schwieg.

»Sag es bloß niemandem«, sagte sie schließlich.

»Wo denkst du hin!«, erschrak der Vorleser. Er hob die Hand und berührte nach kurzem Zögern vorsichtig ihr kupfernes, strohiges Haar. Die Angst verschwand aus ihrem Gesicht. Der Vorleser zog seinen schönen beigefarbenen Pullover aus, der nach Rasierwasser roch, und umarmte sie ... Plötzlich atmeten sie ungeduldig, unregelmäßig einander ins Gesicht.

»Wird es sehr wehtun?«, fragte Ljussja, atmete und wurde rosig. »Nicht sehr? Nur ein ganz kleines bisschen, ja?«

»Du – deine Beine, die Beine, warte ... So, ja, die Beine ...!«, sagte der Vorleser nervös, der sich bereits nicht mehr unter Kontrolle hatte.

»Blut«, sagte Ljussja, die ihre Finger ansah.

»Das soll Blut sein?«, stammelte der Vorleser verzückt. »Liebes, alles wird gut, alles … Nur die Beine, Ljussenka, die Beine, ich bitte dich: etwas höher, die Beine!«

Einer zu viel

Eine Königin, bei Gott, eine Königin. Boris betrachtete von der Seite das stolze Profil und den Hals seiner Begleiterin, und leise regte sich sogar etwas in der Leistengegend.

»Gehen wir zum Felsen rüber«, schlug Boris vor. »Da bei der Kirche ist das Grab einer jungen Fürstin.«

Mit schnellen, entschlossenen Schritten liefen sie zum Felsen. Sonnenflecken hüpften über den nassen Asphalt. Es war später April. Es war heiß. Gleb machte seinen Mantel auf. Groß, mager, langbeinig, mit schmaler Brust, war er ganz Energie, ganz Bewegung.

Ich glaube, ich verliebe mich, dachte Boris. Am Grab der Fürstin sagte er:

»Sehen Sie nur, was für eine Biegung da unten. Wie ein gespannter Bogen. Und weiter hinten Flusswiesen, Flusswiesen, so weit das Auge reicht. Da bekommt man große Lust, einfach abzuheben und loszufliegen.«

Marina sah ihn mit ihren grauen Augen verständnisvoll an.

»Also, was stehen wir noch da?«, rief Boris. »Fliegen wir?«

»Ja«, flüsterte Marina leise. Er nahm sie bei der Hand. Sie flogen.

»Dass Sie schön sind, ist ja halb so schlimm«, sagte Boris, der auf einem Baumstamm direkt am Wasser saß und sich eine ansteckte. »Aber dass Sie auch noch Verstand, Phantasie und ohne Zweifel Talent haben ...«

»Es ist frisch.« Gleb zog fröstelnd die Schultern hoch und stand auf. »Bin ich hinten schmutzig?«

»Sie sind sauber von allen Seiten und von innen auch«, versicherte Boris eifrig.

»Was sind Sie doch für ein Dummkopf!«, sagte Marina fröhlich und lief rasch auf dem Pfad voraus. Boris rannte ihr Hals über Kopf nach.

»Marina, darf ich Sie küssen?«

»Nein«, antwortete das Mädchen streng.

»Ach bitte, nur auf die Wange …«

»Nein.« Sie war unerbittlich.

»Na, dann«, sagte Boris drohend, »werfe ich mich Ihnen zu Füßen.«

»Das ist Ihr gutes Recht«, spottete Gleb. Boris kniete sich in den Frühjahrsmatsch und umfasste mit beiden Händen die nicht mehr neuen Damenstiefel. Sie blickte von oben auf ihn herab, wollte etwas sagen, doch plötzlich fuhr der Wind in ihre schwarzen Haare, und sie klebten ihr in den Augen, dem Mund, im ganzen Gesicht.

Boris erhob sich als vollkommen neuer Mensch.

»Und jetzt gehen wir in ein Restaurant«, sagte er.

Sie betraten mit solchem Aplomb eine gähnend leere Pizzeria, dass der Oberkellner sogleich extra für sie das Videogerät einschaltete. Über die Mattscheibe flimmerten irgendwelche Unterhaltungsshowmonster mit rosa Haaren.

»Zweimal Pizza mit Pilzen!«, verkündete Boris dem Kellner seine Wahl. »Und eine Flasche Sekt!«

»Pilze haben wir nicht, glaube ich«, sagte der Kellner unsicher.

»Sollten Sie aber!«, sagte Boris überzeugt und blickte dem Kellner in die Augen. Der entschwebte in die Küche. Eine Minute später kam er mit froher Botschaft zurück.

»Theoretisch«, sagte Boris, an Marina gewandt, »könnten diese Schreihälse mit den rosa Haaren unsere Kinder sein.«

»Ich bin vierunddreißig«, sagte Marina und senkte den Blick.

»Nein, dann haut das wohl nicht hin«, überschlug Boris und lachte. »Wie herrlich, mit einer schönen Frau bei Schummerbeleuchtung zusammenzusitzen und Sekt zu trinken, während das ganze Land im Schweiße seines Angesichts malocht.«

»Im Schweiße seines Angesichts, dass ich nicht kichere!«, bezweifelte Gleb und lachte.

»Eine Metapher!«, erklärte Boris, sich kugelnd vor Lachen.

»Sagen Sie«, tat Gleb ernsthaft, »was ich Sie schon lange fragen wollte: Was meinen Sie, sind alle Menschen gleich oder nicht?«

»Natürlich nicht«, rief Boris enthusiastisch. »Wie könnten sie auch? Aber der Punkt ist folgender. Ich verrate Ihnen ein Geheimnis: Man muss so tun, als seien sie gleich. Das ist das Wesen der Zivilisation.«

»Toll …«, sagte Marina entzückt. »Darüber würde ich gern einen Essay schreiben. Haben Sie keine Angst, Sekt zu trinken, wenn Sie mit dem Auto unterwegs sind?«

»Ich habe vor nichts Angst«, antwortete Boris ernst, während er mit seinem stumpfen Messer die Pizza zerteilte. Auch Gleb war mit seiner Pizza beschäftigt. Die jungen Engländer und Engländerinnen hüpften keck über den kleinen Bildschirm.

»Gut machen sie das. Das hat Qualität«, sagte Boris anerkennend. »Waren Sie noch nie verheiratet?«

»Nein, aber ich habe mit einem Mann zusammengelebt …«

»Und?«

»Eines Tages ging er Brot holen und kam nicht zurück. Man hat ihn in unserem Treppenhaus erstochen.«

»Wer?«, fragte Boris mit weit aufgerissenen Augen.

»Er wurde nie geschnappt. Bis heute weiß man nicht, wer

es getan hat und warum. Fünfzehn Messerstiche. Der Untersuchungsrichter hat sogar mich verdächtigt. Er war richtig sauer, dass ich nicht meine Selbstbeherrschung verloren habe. Markieren Sie nicht die spanische Königin! Das hat er aufgebracht zu mir gesagt. Aber ich habe viel zu schwache Hände. Kann man etwa mit diesen Händen jemandem fünfzehn Messerstiche zufügen?«

»Nein!«, rief Boris.

»Das Ganze endete damit, dass er mir erst irgendwelche Akten zu einem Fall von Vergewaltigungen kleiner Mädchen zuschieben wollte und mir dann plötzlich eine Liebeserklärung gemacht hat.«

»Ich kann mir vorstellen, was Sie durchgestanden haben!«, sagte Boris deprimiert.

»Überhaupt habe ich kein Glück«, fuhr Marina fort. »Nach dem Mord im Treppenhaus verging eine gewisse Zeit, und ich zog mit einem anderen Mann zusammen. Er kam bei einem Flugzeugabsturz ums Leben.«

»Ein Flügel ist in der Luft abgebrochen«, schaltete sich Gleb ein.

»Danach habe ich mir einen ganz stillen Alkoholiker gesucht. Wir haben ein Jahr ruhig und friedlich zusammengelebt. Nach einem Jahr stirbt er an Krebs.«

»Leberkrebs«, zwinkerte Gleb. Mit schlanken Fingern nahm er den Sektkelch am Stiel und nippte daran. Boris betrachtete schweigend das Muttermal unter seinem linken Nasenflügel. Sogar die Engländer hatten aufgehört zu singen und herumzuwirbeln, denn das Band war zu Ende.

»Einfach ein Unglück«, seufzte Marina. »Ich bin buchstäblich umzingelt von den Gräbern meiner Männer. Und zwar von jungen Männern. Insgesamt waren das, ich hab's mal durchgezählt, zwölf Tote.«

»Zwölf?«, fragte Boris nach.

»Ja, bis vorigen Monat waren es zwölf.«

»Und was ist vorigen Monat passiert?«

»Das wollte ich Ihnen gar nicht erzählen, aber da ich nun mal selbst davon angefangen habe ... Wissen Sie, ich habe immer gemeint, dass es nur Männer außerhalb meiner Familie trifft, aber vorigen Monat ... Ich war immer so stolz auf meinen jüngeren Bruder: ein gut aussehender, kluger junger Mann, von Beruf Speläologe, na, also, das sind die, die in Höhlen herumkriechen. Im März ist er mit Freunden in den Pamir gefahren, und jetzt wird die ganze Gruppe vermisst. Man hat gesucht und gesucht, und nun gibt es schon keine Hoffnung mehr; offenbar wurden sie von einer Lawine verschüttet. Wenn im Mai der Schnee weggetaut ist, dann wird man sie wohl finden.«

»Vielmehr das, was von ihnen übrig ist«, fügte Gleb hinzu und sah Boris mit treuem Hundeblick an.

»Bin gleich wieder da«, sagte Boris, schob akkurat seinen Stuhl zurück und verließ leisen Schrittes den Raum. In der Toilette wusch er sich sorgfältig mit Seife die Hände und blieb vor dem Spiegel stehen.

»Scheiße, Scheiße, Scheiße«, murmelte er schnell und bekreuzigte sich ungeschickt und flüchtig. Von der Toilette gelangte er zur Garderobe, steckte dem Garderobenmann einen Rubel zu und rannte, seinen Regenmantel im Arm, zum Auto. Bis nach Moskau waren es sechsundzwanzig Kilometer.

Boris überlebte damals, obwohl er beinahe an einer üblen Pilzvergiftung gestorben wäre.

Serie

1. Irgendwann einmal (heute schwer zu glauben) umgaben sie dichte, undurchdringliche Wälder. Eine sumpfige Gegend, im Überfluss wachsen die Ulmen, aber gleich daneben gibt es einen Hügel, und was für einen: Die Geografen bezeichnen ihn als den höchsten der Mittelrussischen Platte. Hier müsste eine Grenzstadt sein! An der Errichtung der Festung waren die berühmten Baumeister Antip und Miron beteiligt. Von einem unterirdischen Gang führte eine Wendeltreppe nach oben, die vier Wehrgänge miteinander verband. Der untere bestand aus Blendennischen mit Schießscharten. Die sechs Meter dicke Mauer begeistert bis heute durch ihre Festigkeit, feuererprobt in Zeiten der Not – auch faschistischer Sprengstoff kann dem Monolithen nichts anhaben. Gestern überreichte mir der Präsident den Stern des Helden. Habe ihn angenommen, wenn auch widerwillig, wollte ihn nicht kränken.

2. Einen großartigen Hintergrund für dieses Denkmal historischer Architektur stellt das Ufergrün dar. Die Seitenfassaden des quadratischen Baukörpers sind durch Pilaster in drei Abschnitte gegliedert, auf deren Grundpfeiler sich fünf »taube« Sakomare stützen. Tanja hat Geburtstag. Sie wird 35 (sie verheimlicht das). Oberhalb der Sakomare verläuft ein Reliefband kielförmiger Kokoschniks. Mit einem solchen Kokoschnik ist auch die Trommel unterhalb der Kuppel an ihrer Basis verziert.

Das Hauptmotiv des Schnitzwerks sind Weinreben und stilisierte Blumen.

3. Das still dahinfließende Flüsschen trägt seine Wasser an der alten Stadt vorbei wie schon vor vielen hundert Jahren. Der patriotische Regierungsauftrag an mich: zum Zeichen des Sieges über das Chaos ein »Objekt« mit Schokolade zu bearbeiten. Man hatte einen deutschen Fotografen engagiert. Wir stiegen im Hotel »Jubilejnaja« ab. Der Überfluss an Kokoschniks, kleinen Stufenbögen, paarweisen Halbsäulchen und Ziergiebelchen verleiht dem Gebäude ein außerordentlich schmuckes, festliches und einprägsames Aussehen. Das Hotel verfügt über eine ausgezeichnete Akustik.

4. Die Barockkirche, interessant wegen ihrer Fresken aus dem 18. Jahrhundert, kennt man heute außerdem als das Gebäude, in dem Tanja als leitende wissenschaftliche Mitarbeiterin beschäftigt ist. Auf ihre Initiative hin wurde an einer der Museumsmauern eine bronzene Gedenktafel angebracht, die von der grausamen Schlacht zwischen der russischen Armee und den französischen Truppen kündet, welche nicht weit von diesem Gotteshaus entfernt stattfand. Der Feind hatte, obwohl zahlenmäßig in der Übermacht, dem Druck des russischen Geistes und der russischen Waffen nicht standhalten können.

5. Was weiß ich über Tatjana Nikolajewna? Sie ist verheiratet, trägt eine Brille. Wir unterhalten uns mit der Direktorin des Museums (T. N. verspätet sich), die uns großzügig mit quadratischen Anstecknadeln zum Stadtjubiläum beschenkt.

6. Es spricht der aktive Teilnehmer am Krieg von 1812, der Dichter F. N. Glinka: »An die ruhmreichen Heldentaten der russischen Soldaten, an die Selbstaufopferung der Stadtbewohner erinnert das Denkmal für die Helden des Jahres 1812, das zum hundertsten Jahrestag des Krieges enthüllt wurde: Als uneinnehmbarer Fels mit dem doppelköpfigen Adler an der Spitze

Kiran Desai
Erbin des verlorenen Landes
400 Seiten. Gebunden

»Kiran Desai ist eine phantastische Schriftstellerin!«
Salman Rushdie

Kiran Desais erstaunlicher zweiter Roman erzählt nicht nur die anrührende Geschichte vom Liebeserwachen eines jungen Mädchens in einer traumhaft exotischen Welt, umgeben von Mungos, Gleithörnchen und riesigen Schmetterlingen. Vor dem historischen Hintergrund des indischen Ghurka-Aufstandes Mitte der Achtzigerjahre zeichnet die Autorin das faszinierend gründliche Psychogramm einer aufstrebenden Weltmacht, die sich wie eine verlassene Geliebte nach dem untergegangenen britischem Empire zurücksehnt und gleichzeitig versucht, ihre Kolonialneurose zu überwinden. Kiran Desai erklärt uns die Natur des Terrors, des Migrantentums, der Liebe.

Berlin Verlag | Bloomsbury Berlin
Berliner Taschenbuch Verlag
Bloomsbury Kinderbücher & Jugendbücher
Bloomsbury Publishing
Greifswalder Str. 207 | 10405 Berlin
www.berlinverlag.de

Undine Gruenter

Der verschlossene Garten

224 Seiten

*D*er verschlossene Garten das Symbol für die träumerische Liebe zwischen einem Mann von sechzig Jahren und einer jungen Frau: Solange ihre Liebe dauert, ist dieser Garten Paradies und Symbol ihrer Zuneigung. Doch als ein junger Mann in ihr Leben tritt, zerstört er die Einsamkeit des Gartens und somit die Liebe der beiden. Ein Roman über Liebe, Trennung, Verlassensein und das Glück, das in der Erinnerung fortbesteht.

Ebenfalls lieferbar

ist Russland erstanden, der stolze Vogel zaust die Standarte der besiegten französischen Armee.« Unhörbar kommt Tatjana Nikolajewna herein. Die Mitarbeiterinnen gratulieren ihr alle durcheinander zum Geburtstag, F. N. Glinka schenkt ihr Blumen. Auch Guido und ich gehen zu ihr, gratulieren, stellen uns vor.

7. »Zu welchem Lager gehören Sie?«, fragt uns unsere heutige Reiseleiterin Tatjana Nikolajewna (10.30 Uhr). »Wie soll ich erzählen?« – »Erzählen Sie, als sprächen Sie mit sich selbst«, sagte ich herzlich. »Na gut, fangen wir an«, sagt sie, während sie auf den Hauptplatz hinaustritt. In das Geschichtsbuch der Oktobertage ist auch eine Seite eingegangen, die vom Glauben an die Gerechtigkeit der Lenin'schen Sache und von der Tapferkeit der hiesigen Bolschewiki geschrieben wurde, welche Letztere an der Bahnstation 40 weißgardistische Gefechtsstaffeln stellten und entwaffneten, die sich zur Unterdrückung der Revolution auf dem Weg nach Moskau und Petrograd befanden. Der junge Fahrer Maxim isst eine Tafel strategisch wichtiger Schokolade, während er Tatjana Nikolajewna zuhört. Er leidet die ganze Reise über an chronischer Fresslust; er isst, was ihm unter die Finger kommt. »Gehen Sie zum Wagen zurück, bevor er geklaut wird«, flüstere ich ihm sanft lächelnd zu, »und hören Sie bitte auf, ständig Schokolade zu essen.« Beleidigt zieht er ab. Das gute Wort des Führers der Revolution wird vielen Generationen werktätiger Massen den Weg in eine lichte Zukunft weisen.

8. »Was soll das, bist du extra hergekommen, um unsere Armut zu fotografieren?«, fragt missmutig eine Marktfrau, die Speiseöl verkauft. »Fotografier dich doch selber, kapiert?« Die Schlange von Frauen mit mittelalterlichen Gesichtern sieht aus, als sei sie für eine Massenszene zusammengetrommelt, und murrt ebenfalls drohend in unsere Richtung. Tatjana Nikolajewna kommt uns zu Hilfe. »Ruhe, Frau ...!«, sagt sie in über-

raschend gebieterischem Ton. »Er fotografiert, was er für nötig befindet.« Der gebieterische Ton Tatjana Nikolajewnas macht alle verlegen, wir gehen weiter. Ungeachtet des goldenen Herbstes haben die Männer ihre Ohrenklappenmützen aufgesetzt, bereit für den Kälteeinbruch.

9. Eine Gedenkstätte, errichtet zu Ehren der Volksabwehr. Ein Panzergraben, Balkensperren, ein Feuernest, eine in Kupfer gegossene Soldatenfigur. Jeder von ihnen erinnert sich an die Worte des Divisionskommandeurs Saikin, der, als die Division vor dem Aufbruch an die Front das Kriegsbanner überreicht bekam, zu ihnen sagte: »Der Landwehrmann sollte immer daran denken, dass in der Schlacht über ihm das Allerheiligste flattert – unser rotes Banner.« – »So, und wohin jetzt?« Zehntausende von österreichischen Glasbehältern für hochwertiges Kaffeegranulat lagen um den Wagen und im Sumpf verstreut. Zuerst begannen die Leute still und leise wie nebenbei die Gläser aufzusammeln, die sich am Wegesrand fanden. Dann aber bekamen sie Geschmack daran, und einige kletterten auf die Sumpfbülten. Den Kaffee klaubten sie mit den Händen heraus, sammelten ihn in Plastikbeuteln. Besonders eifrige Frauen zogen Schuhe und Röcke aus und stiegen auf Strümpfen in die kalte sumpfige Pampe, ohne Angst, sich Schnittwunden an den Füßen zu holen. Aber wie es so schön heißt, ein Unglück kommt selten allein. Gestern wurde Valeri Soljanik, der beste Torjäger der 3. Staffel der 2. Liga, wegen Tätlichkeit vom Platz gestellt. Und schon heute erfolgte das harte Urteil: gesperrt für 5 Spiele. »Wenn Sie den Kaffee auf dem Markt sehen, dann handeln Sie«, sagt der Redakteur Anatoli Alexejewitsch Golowatsch lächelnd. »Denn nichts wird so leicht weggegeben wie das, was man umsonst gekriegt hat.«

10. 1200 Häuser, 400 Geschäfte, 20 Ateliers niedergebrannt, Gotteshäuser zerstört und entweiht. Es schien, die Stadt würde

nie wieder auf die Beine kommen. Doch sie vollbrachte zum wiederholten Mal eine Heldentat. Gerbereien liefern Juchtenleder, Chromleder, anständiges Material für Kleidung, Schuhwerk und Pferdegeschirr. Lebkuchenbäckereien stellen Konditorwaren erlesensten Geschmacks her, und die Abgesandten des englischen Königshauses müssen nicht geringe Anstrengung aufwenden, um die Lebkuchenlieferungen auch auf die Britischen Inseln zu schaffen. Demnächst erscheint eine Neuauflage von Friedrich Nesnanskis Trilogie »Jahrmarkt in Sokolniki« – »Operation Faust« – »Die Büchse der Pandora« in einem dem klassischen »Taschenbuch« ähnlichen Format sowie die Reihe »Russische Thriller« und außerdem alle drei Bücher über Nimmerklug und seine Freunde.

11. Viktor Golub ist nicht nur ein origineller Maler und Grafiker, sondern auch ein sensibles dichterisches Naturtalent:

»… Hohe Orden sind mir gleich,
Und Träume von Eroberungen
Machen mich nicht weich!
Doch wenn der Feind entsetzlich
Sich uns entgegenstellt,
Ist meine erste heil'ge Pflicht:
Die Heimat verteidigen als Held.«

Wir klopften lange an die Tür seines Ateliers, das sich auf dem Hof gegenüber der Zeitungsredaktion befindet, wo man uns sagte, dass das Problem der Straßenumbenennung im Prinzip gelöst sei, die Umsetzung sich jedoch in Ermangelung von Schildern auf unbestimmte Zeit verschiebe. Tatjana Nikolajewna trat schließlich mit ihrem schwarzen Stiefel kräftig gegen die Tür, und Golub erschien vor uns in all seiner morgendlichen Pracht. Wir schlossen umgehend Freundschaft.

12. Meine geheime Idee nimmt allmählich reale Formen an. Viktor machte sich unverzüglich daran, uns seine Arbeiten der verschiedensten Stilrichtungen zu zeigen: Abstraktes, Surrealistisches, Pop-Art, symbolische Gemälde mit Titeln wie »Habsucht«, »Arglist«, »Der Dogmatiker« sowie auch eine Reihe von Stadtlandschaften, von denen Guido eine (auf meine vorsichtige Bitte hin) gegen 60 Dollar für seine Privatsammlung in München käuflich erwarb (die hauptsächlich aus Teeservices der Revolutionsperiode bestand). Es war eine bescheidene Arbeit: ein Holzzaun, Disteln, ein sumpfiges Flüsschen – doch man konnte nur schwer den Blick davon lösen. Viktor hatte auch einige Akte zu bieten, alle von demselben Modell, was meiner Aufmerksamkeit nicht entging. Tatjana Nikolajewna beginne ich bereits Tanja zu nennen.

13. Guido mit seinem kurz geschnittenen silbergrauen Haar ist von der Regierung der BRD zu meiner Unterstützung abkommandiert, aber ich sehe, dass er deprimiert ist – sowohl wegen der Schandtaten seiner Landsleute als auch wegen des Wetters (es schneite). »Was hatten die eigentlich hier zu suchen?«, murmelt er, während er seine erstarrten Finger anhaucht, um sie wieder aufzutauen (Tanja klettert mit uns und dem rothaarigen Pater Daniil auf den Glockenturm). »Schneesturm im September. Hitler war ein Idiot.«

14. Der Priester Schura, Pater Daniil, hat mit Tanja nicht nur dieselbe Schulbank gedrückt und dasselbe pädagogische Institut besucht. Die Gedenkstätte befindet sich auf dem städtischen Katharinen-Friedhof. Ein geheiligter Ort für die Einwohner der Stadt und ihre Besucher: Hier sind die Kämpfer der Revolution und des Bürgerkriegs begraben, die im Großen Vaterländischen Krieg Gefallenen, die Menschen, die in Friedenszeiten Heldentaten vollbracht haben, die Opfer der polnisch-litauischen Feudalherren. Legenden weben sich um die Lehrerin und Kom-

somolzin Alexandra Baranowa. Sie klebte jeden Tag aufs Neue Flugblätter mit sowjetischen Liedtexten an die Hauswände. Der Feind schnappte die Patriotin; zu ihrer Hinrichtung ging sie mit dem Lied auf den Lippen:

»Tragt über den Erdball,
tragt über die Meere
die Fahne der Arbeitermacht!«

Der Ort für den Glockenturm war bestens gewählt – auf dem westlich über der Stadt sich erhebenden Hügel –, doch das Fotografieren der Stadt will nicht gelingen. Es schneit heftig. Tanja ist verdrossen. Auch ich bemühe mich, enttäuscht auszusehen. Priester Schura lädt auf ein Gläschen Kirchwein ein. Seien Sie seine Gäste! Er lädt Sie ein auf die Straßen und Plätze, in die schattigen Alleen der Parks. Öffnen Sie Ihr Herz für die alten Zeiten, erfreuen Sie sich der blühenden Jugend. Ich sehe, dass ihn Tatjanas »du« ein wenig wurmt, doch er findet sich demütig mit der Kränkung ab.

15. Tanja ist quer über den Hauptplatz ins Museum verschwunden. Ob sie zurückkommt? Guido bestellt Suppe. Der Fahrer Maxim isst alles, was ihm unter die Finger kommt, und singt Lobeshymnen auf Deutschland. Ich habe keine Kraft, ihm zuzuhören. Ich springe auf, gehe ins Museum. Sie trinkt Tee mit ihren Kolleginnen. In einer Ecke steht das funkelnde Modell eines Sputniks. »Ein paar Schüler haben ihn für eine Schnapsbrennerei Marke Eigenbau gehalten«, lacht Tanja. Ich lache laut und aufrichtig, obwohl ich diesen Witz schon kenne.

16. Um neun Uhr früh wurde im Bezirk Kuwschinowo noch gekämpft, und zur Mittagszeit versammelten sich die Kämpfer und Bewohner zu einem Meeting, das der Befreiung der ruhmreichen russischen Stadt gewidmet war. »Nach dem Großen

Vaterländischen Krieg wurde die Stadt völlig neu wiederaufgebaut, neue Menschen siedelten sich an: Russen, Ukrainer, Weißrussen, Juden. Ungeachtet dessen, dass etwa 170 000 Familien auf den Wartelisten für eine Wohnung standen, nahm die Stadt 1991–1992 ungefähr 6000 Menschen aus Gebieten auf, die durch die Reaktorkatastrophe von Tschernobyl in Mitleidenschaft gezogen waren.« (Originalzitat belorussisch.)

17. Der Deutsche war platt. Tanja zog eine Flasche aus dem Rockbund und stellte sie entschlossen auf den Tisch. »Auf meinen Geburtstag!«

18. »Liebe Tanja! Das Wetter ist für Außenaufnahmen nicht besonders günstig. Sollten wir nicht lieber wieder zu Golub gehen, um die hiesige Intelligenzija beim schöpferischen Prozess zu fotografieren?«

19. Drei Grabsteine – drei Lebensläufe. Dem Preisträger verdanken wir das Monument »Dem Befreier«, die gigantische Gedenkstätte in Wolgograd sowie das allseits bekannte Lied »Weiter Himmel«. Doch das erste Denkmal, das der Heldentat des Volkes gewidmet ist, wird Tanjas Denkmal sein, und ich (der kluge Stratege, listige Taktiker, tollkühne Kommandeur) werde bescheiden daneben stehen.

20. Golub empfing uns wie gute Freunde. Ich sagte: »Könnte man nicht Ihr Modell herbestellen? Für einen guten Zweck?« – »Was denn, Lenka?« – »Ja, Lenka.« – »Die ist gar nicht da.« – »Wir brauchen ein Modell. Sonst platzt die ganze Sache.« – »Verstehe.« – »Das ist sehr wichtig«, betonte ich. Golubs Blick wurde unruhig. Ich hielt den Atem an. Golubs Blick ging in die richtige Richtung. »Tatjana!«, rief er entzückt. »Könntest du nicht Lenka ersetzen?« – »In der Tat«, bemerkte ich bescheiden. »Eine gute Idee.« Tatjana maß uns mit einem Blick, als seien wir verrückt geworden. »Was ist denn schon dabei?«, sagte ich. »In Europa gehen die Leute längst alle nackt baden.« – »Weiß ich«,

sagte Tatjana. »Aber wir sind nicht in Europa. Auf gar keinen Fall. Wie können Sie an so was überhaupt denken?« Golub, ganz begeistert, versuchte sie zu überreden. Er sprach vom Familienbesitz der Gribojedows, vom Manöverleiter J. M. Larionow, auf dessen Konto mehrere Zugunglücke gingen, schließlich von der Dampflok ESch-4290, welche seit dem 9. Mai 1980 auf einem Postament neben dem Bahnhof stand. »Eine Dampflok kann da stehen und du nicht? Schämst du dich denn gar nicht?« – »ESch-4290? Ist das die mit den roten Rädern?« – »Ja! Genau! Die mit den roten Rädern!«, rief Golub ärgerlich. Tanja biss sich auf die Lippe. »Hast du ein sauberes Laken?«

21. Auf das Podest wurde ein grellgrünes Sofa gehievt. Tanja kam in das Laken gehüllt heraus, ihre Achselhöhlen verbreiteten Aufgeregtheit. »Gebt mir einen Wodka.« Ich rannte auf den Hof, rüttelte Maxim wach. Eingeschnappt brauste er davon, um Wodka zu beschaffen. Fünf Minuten später war ich wieder im Atelier, mit Wodka und einem Rucksack voller Schokolade. Ich lehnte den Rucksack unbemerkt an die Heizung. Guido hatte schon sein Stativ aufgestellt und war bereit. Nicht umsonst hatte er sechs Jahre für den deutschen »Playboy« gearbeitet. Tanja kippte ein halbes Glas hinunter, nahm die Brille mit dem hellblauen Plastikgestell ab, aber im letzten Moment weigerte sie sich, das Laken fallen zu lassen. »Das mache ich nicht kostenlos.« Das Honorar in Höhe eines Monatsgehalts, das ich bot, zerstreute ihre letzten Zweifel.

22. Als sie aufs Sofa geklettert war und mir das Laken übergeworfen hatte, entrang sich mir ein »Ach!«: Sie war es. Genau die, die ich brauchte. Golub, der rasch zu seinen Stiften gegriffen und wie wild zu zeichnen angefangen hatte, rief, dass er noch nie so ein Modell gehabt habe und dass Repin und Schischkin sie bestimmt mit größtem Vergnügen gemalt hätten. Guido kam ebenfalls in Fahrt und wechselte immer wieder hastig die Ob-

jektive. Für mich war vollkommen klar: Sie war genau die Frau, die ich immer in meinen kühnsten Träumen mit Schokolade hatte beschmieren wollen.

23. Sie war nicht die Vollendung. Sie hatte einen nicht mehr jungen, etwas schlaffen Bauch mit einer Narbe, beinahe bis zum Nabel bewachsen – na und! Eine sumpfige Gegend, im Überfluss wachsen die Ulmen, aber dafür gibt es gleich daneben einen Hügel, und was für einen: Die Geografen bezeichnen ihn als den höchsten der Mittelrussischen Platte. Ich sehe Erdhütten, Lagerfeuer, den Partisanentrupp von »Onkel Kostja«, den Bau der Eisenbahn, Galgen, zerstörte Kirchen, vermoderte Kreuze, versengte Stoppelfelder, Massengräber von Mönchen und Bolschewiki.

24. Zunächst lag sie verklemmt da, grünlich grau, gab nervös dümmliche Bemerkungen einer 35-jährigen Provinzpflanze von sich und murmelte: »Mein Mann bringt mich um.« Aber dann wurde sie rosig und locker.

25. 16.50 Uhr. Ich knüpfte den Rucksack auf und begann ohne weitere Erklärungen, ohne lange Vorreden ihren Körper mit der aufgeweichten Schokolade einzureiben. Die technische Ausstattung spielte mir einen Streich: Man hatte mir Schokolade mit Nüssen verkauft, und es war nicht sehr günstig, sie damit zu beschmieren, da die Nüsse störten, aber ich beschmierte sie, ich schmierte sie ganz ein: die Fersen, die Waden, den Hintern, den Rücken, die duftenden unrasierten Achselhöhlen, den Hals, die Stirn, die Nase, das Kinn, die schweren, kräftigen Brüste und diesen etwas schlaffen, welligen, mittelmäßigen Bauch. Ich schmierte ihren Bauch mit Schokolade ein, vergaß dabei die Nüsse, den Deutschen und Golub, der seinen Bleistift hatte fallen lassen. Ich schmierte ihren Bauch mit Schokolade ein, und sie lag am Strand und bot ihren Körper der Schokoladensonne, und ich schmierte sie ein, verschmierte überall

die Schokolade, schmierte die fette braune Schokolade und schmierte und schmierte.

26. »Unternehmung von Erfolg auf der ganzen Linie gekrönt«, meldete ich telegrafisch dem Kreml vom örtlichen Postamt. Als ich in den Wagen stieg, blickte ich zum Sternenhimmel auf und lächelte. Das Vaterland kann ruhig schlafen.

Die trüben Wasser der Seine

Die Delegation, der Valera Mutschkin als Dolmetscher angehörte, traf in streng vertraulicher Mission in Paris ein. Damals war es Sommer in Paris, der Himmel zeichnete sich durch ein intensives Hellgrau aus, fürs Auge schmerzlich und erfreulich zugleich, Niederschläge fielen mit äußerst französischem Feingefühl nur in der Nacht. Leiter der Delegation war Woldemar Timofejewitsch Ustibasch, ein gesetzter Mann mit grimmigem Gesicht, dessen Ausdruck indes durch seine typisch ostslawischen warmen Augen gemildert wurde. Und sosehr sie Woldemar Timofejewitsch auch unter seinen struppig abstehenden schwarzen, grässlichen Augenbrauen versteckte, was für ein autoritäres Aussehen er ihnen auch verlieh, so verrieten sie dennoch seine ganz eigene, ursprüngliche Zärtlichkeit, die Zärtlichkeit des Soldaten und des Vaters, der beim Schein des Lagerfeuers Pfeifen aus Nussbaumholz für die Kleinen schnitzt, der Vogelhäuschen mit ihnen bastelt. In Paris streikten damals die Postboten, und die Pariser Tauben wurden von der Regierung als niederträchtige Streikbrecher missbraucht. Die Pariser erhielten ihre Briefe, aber die Tauben verachteten sie. Sie ließen sie nicht wieder fliegen, sondern rupften sie und aßen sie auf. Das Gesicht des stellvertretenden Delegationsleiters, Genosse Antonow, entsprach dagegen den höchsten Ansprüchen europäischer Zivilisation, ebenso der Haarschnitt, und während Woldemar Timofejewitsch in Moskau zum erstbesten Friseur ging, wo man ihm einen Oberschülerschnitt verpasste und ihn dermaßen einparfümierte, dass er anschließend eine Woche lang nach Eau de Cologne aufstoßen musste, kurzum, während die Pariser Tauben den Postbeamtenstreik brachen und das Ministerkabinett sich am Rande des Bankrotts befand, hatte sich Antonow seinerseits im Moskauer Hotel »Peking« einen persönlichen Friseur zugelegt, und seine hellen Koteletten endeten zwei Fingerbreit unterhalb der Ohrläppchen. Was seine Augen betraf, so waren sie absolut blau und spiegelten dementsprechend absolute Bläue. Antonow war in die Popdiva Alla Pugatschowa verliebt, und seine Leidenschaft nahm er heimlich über die Staatsgrenze mit. Valera Mutschkin stellte das dritte und letzte Mitglied der streng vertraulichen Delegation dar. In den Augen Mutschkins spiegelte sich Paris, kaum war die Delegation in Paris eingetroffen, wo es verdächtig köstlich aus allen Ritzen duftete, ungeachtet des Streiks der Postarbeiter und des empörenden Verhaltens der Tauben, in den Augen Mutschkins spiegelte sich Paris in jener schlichten kinematografischen Aufeinanderfolge, in der Paris an Mutschkin vorbeizog, angefangen mit dem Flughafen »Le Bourget«, über den Autobahnzubringer, den dicken Mann in Strandshorts, das Lebensmittelgeschäft »Félix Potain«, den Zeitungskiosk in der Rue de Rivoli bis hin zur Alexander-Brücke, als Antonow plötzlich Mutschkin in die Augen sah und beinahe gutmütig sagte:

»Wissen Sie, Mutschkin, wir sind ja nicht als touristische Reisegruppe hier.«

»Das ist mir klar«, zuckte Mutschkin zusammen und wandte den Blick gleichgültig vom Eiffelturm ab.

»Je länger ich Paris anschaue«, fuhr Antonow fort, »desto mehr gelange ich zu der Überzeugung, dass Leningrad schöner ist.«

»Ich habe Moskau lieber als Leningrad«, sagte Ustibasch heiser, wobei er in die trüben Wasser der Seine blickte, die von den Motorschleppkähnen verdreckt waren.

»Und ich habe Leningrad lieber, muss ich zugeben. Dort gibt es irgendwie mehr Museen und historische Plätze, wissen Sie. Die Ermitage, das ist doch weiß der Teufel was, eine ganz unerhörte Sache.«

In Mutschkins Augen spiegelte sich wieder Paris.

»Mit Toilettenpapier sieht es in Leningrad schlechter aus als in Moskau«, führte Woldemar Timofejewitsch ein überraschendes Argument an. »Und überhaupt«, zuckte er mit den Schultern, »wie kann man die Hauptstadt weniger mögen als eine Stadt von regionaler Bedeutung?«

Antonow wollte schon widersprechen, doch da wandte der französische Taxifahrer ihnen seine große rote Visage zu und ließ eine Tirade auf Französisch los. Die Delegation verstummte.

»Was hat er gesagt?«, fragte Antonow im Flüsterton Valera Mutschkin.

»Repetee vu ce qui vu parl«, trat Mutschkin mutig in den Dialog ein, wobei er sich bemühte, das »r« nicht auf russische Art zu rollen.

Der Franzose dachte über Mutschkins Worte nach und brach in eine weitere Tirade aus. Vermutlich beklagte er sich über die Schwere des Lebens in Paris, die Steuer, die Inflation, die Überhandnahme des ausländischen Kapitals, das bittere Schicksal der Post- und Fernmeldebeamten, darüber, dass der Eiffelturm rostet und demnächst zusammenbricht, all das, worüber sich der einfache Pariser Taxifahrer immer beschwert, wenn sich Leute in sein Taxi setzen, denen er sich gefahrlos anvertrauen kann. Und vielleicht erzählte er, da er die Delegation für Jugoslawen hielt, von seinen Eindrücken aus dem letzten Urlaub in Dubrovnik, lobte die Adria, sprach über die Technik der Unterwasserjagd, aber vielleicht, es ist ja alles möglich, vielleicht rezitierte er auch für die ausländischen Touristen Verse von Louis Aragon. Wie dem auch sei, der Taxifahrer erwies sich als redseliger und harmloser Mensch.

Im Hotel warfen die drei Männer einen Blick in den Arbeitsplan, machten einen Kostenvoranschlag, hielten eine flüchtige Beratung ab und verschwanden sogleich in eine unbekannte Richtung. Sie kehrten erst gegen Abend mit riesigen voll gestopften khakifarbenen Rucksäcken zurück, verschwitzt, ernst, mit verrutschten Krawatten tauchten sie wieder auf und schlossen sich ein. Wäre das Zimmer mit einer Abhöranlage ausgerüstet gewesen, so hätte diese an jenem Abend gleichmäßiges und endloses Papiergeraschel registriert, häufiges Toilettenbenutzen, wovon am späten Abend die Kanalisationsrohre ächzten, verhaltene Ausrufe und unverständliche Bemerkungen.

Stimme Ustibaschs: »Das taugt nichts, zu parfümiert.«

Stimme Antonows: »Valera, geh du mal, probier das hier … Und?«

Stimme Mutschkins von weitem: »Also, ich finde es ein bisschen rau. Das andere war zarter.«

Stimme Ustibaschs: »Ich bin auch für das zarte. Guckt mal, auch die Farbe ist schön – salatgrün.«

Stimme Antonows: »Nehmen wir das billigste, und fertig.«

Stimme Ustibaschs: »Solange wir nicht alle durchprobiert haben, treffe ich keine Entscheidung. Genossen, das ist eine ernste Angelegenheit. Der Konsument wird uns einen Fehler nicht durchgehen lassen.«

Stimme Mutschkins, scherzhaft: »Ich habe bei einem französischen Schriftsteller namens Rabelais gelesen, dass man am allerbesten junge Putenhühnchen benutzt.«

Stimme Ustibaschs: »Was?«

Stimme Mutschkins, scherzhaft: »Putenhühnchen, Woldemar Timofejewitsch.«

Stimme Ustibaschs: »Das ist aber unrentabel, muss ich dir sagen.«

Stimme Antonows: »Guckt mal, auf dem hier sind Dollarscheine abgedruckt, sehen aus wie echt. So eins müsste man produzieren ...«

Stimme Ustibaschs, erschrocken: »Wo denkst du hin? Die Amerikaner werden ein Protestschreiben loslassen ...«

Stimme Antonows, fröhlich: »Und wir werden uns mit diesem Protestschreiben ...« (lacht)

Stimme Ustibaschs, sentimental: »Als ich klein war, auf dem Dorf, wisst ihr, womit wir ...?«

Stimme Antonows: »Mit Kletten!«

Stimme Ustibaschs: »Daneben geraten. Mit der Lokalzeitung ›Morgenröte des Kleinbauern‹. Mein Vater wurde zum Kulakenfreund erklärt, ich habe mich dann ja auch von ihm distanziert ...«

Stimme Antonows: »Woldemar Timofejewitsch, Du bist ja ein richtiger Pawel Morosow.«

Stimme Mutschkins: »Ich kann nicht mehr. Mir tut da schon alles weh ...«

Mutschkin übernachtete in einem kleinen Einzelzimmer. An der Wand hing ein gelber van Gogh und über der Tür ein winziges Kruzifix. Die Obrigkeit ruhte geräumig und kollektiv in einem Doppelzimmer. Für alle Fälle hatte die Obrigkeit Mutschkin eingeschlossen und sich dann zur Fortsetzung der Besprechung auf ihr Zimmer zurückgezogen. Da die Wand zwischen den Zimmern dünn war, verwandelte sich Mutschkin unfreiwillig in eine Abhöranlage. Nur die französischen Wörter störten:

»Que-ça, qui-ce, ci-ça, ci-ci«, murmelte Mutschkin unwillkürlich.

Zunächst herrschte im Zimmer der Obrigkeit Ruhe. Nach einer gewissen Zeit jedoch erklang gedämpfter Gesang unisono: »Niemals ergibt sich dem Feind unsre stolze ›Warjag‹ ...«

Das Lied wurde zu Ende gesungen, und die Stimmen gingen verschiedene Wege. Ustibasch sang für sich von der Wolga, davon, wie rasch er älter wurde, und als die Wolga ins Kaspische Meer mündete, ging Ustibasch in Rente. Lachend und weinend interpretierte Antonow unter Anrufung Alla Pugatschowas deren Schlager mit dem Titel »Harlekin«. Dann forderte sich die Obrigkeit wie üblich lautstark gegenseitig zur Ruhe auf, mehrmals begann man erneut über die Vorzüge von Moskau und Leningrad zu diskutieren, doch die Diskussion wurde immer wieder vom Durchzug ausgepustet, was offenbar beiden nicht passte, und dann hörte man Gepolter, Schnaufen, Ächzen, und Stühle fielen um.

»Que-ci, que-ce«, seufzte Mutschkin.

»Uff! Das Leben ist ein Kampf!«, rief Ustibasch triumphierend.

Stille. Geraschel. Plötzlich krachte wieder irgendein Gegenstand zu Boden, und nun sagte Antonow triumphierend und belehrend:

»Timofejitsch, du musst berücksichtigen: Leningrad ist nicht bloß einfach ein regionales Zentrum, sondern auch die Wiege der Revolution.«

»Und was hat Gagarin darauf gesagt?«, krächzte Ustibasch.

»He, drück mir nicht die Luft ab, hörst du! Gagarin hat darauf gesagt, dass man nicht ewig in einer Wiege leben kann!«

»Kann man doch«, widersprach Antonow, und Ustibaschs Kopf schlug gleichmäßig auf den Boden. »Kann man doch. Und wie man das kann.«

Mutschkin stieg aus dem Bett und öffnete das Fenster. Es tröpfelte. Im Hof unten standen Autos, und die nächtlichen

Blumen dufteten. Durch das schwarze Balkongeländer am Haus gegenüber sah man eine Frau im Nachthemd. Sie saß in einem Sessel und weinte.

Eine Französin und weint …, dachte Mutschkin verblüfft. Auch er wollte weinen. Dann stellte er sich vor, in ihrem Zimmer zu sein. Er steht auf der Schwelle mit einem Strauß nächtlicher Blumen. Erzählt von Moskau, vom Fernsehturm in Ostankino, und da schlüpft ihm ein ungelenkes Wort der Liebe von den Lippen:

»Je vous aime.«

»Dann sind Sie Russe?«, fragt die Französin traurig.

»Ja«, antwortet Mutschkin. »Ich wohne in der Kaljajewskaja. Direkt im Zentrum.«

»In der Kaljajewskaja …« Die Französin schüttelt den Kopf. »Nein. Mit Russen dürfen wir nicht.«

»Wir können ja das Licht ausmachen und einfach im Dunkeln ein bisschen zusammensitzen«, versucht Mutschkin sie zu überreden.

»Geh weg!«, schreit die Französin. »Ich habe Angst vor dir. Du bist ein Wilder!«

Mutschkin lächelte und gähnte süß. Es ist angenehm, wissen Sie, vor dem Einschlafen ein wenig eine Französin zu erschrecken.

Im Vorbeifahren

Im Viererabteil des Schlafwagens eines Fernzuges legte ein gutmütiger Bürger mit immergrünem Hut und braunem, nur durch den obersten Knopf geschlossenem Jackett frisch eingelegte Gürkchen, Tomaten, eine Dose Sprotten und zarte Quarkküchlein in platt gedrücktem Zustand aus seiner Aktentasche auf das Klapptischchen.

»Greifen Sie zu, essen Sie«, wandte er sich freigebig an seine Mitreisenden – einen jungen Mann mit saftigem Himbeermund, ein nett aussehendes junges Mädchen mit dicklichen Beinen und eine sympathische alte Frau in weißen Söckchen. Als Antwort auf seine Aufforderung zog die alte Frau drei hart gekochte Eier hervor, der junge Mann eine Flasche Portwein, und das Mädchen mit den dicklichen Beinen bot allen von ihren gedörrten Aprikosen an.

»Ich muss zugeben«, begann der Bürger mit Hut redselig, während er von einem der Eier der alten Frau die Schale abpulte, »dass ich immer gern aus der Hauptstadt wegfahre. Diese Stadt ist nichts für meine Nerven. Da fahre ich meinen Bruder beerdigen, und meine Frau sagt zu mir: Bei der Gelegenheit kannst du mir einen fleischfarbenen Unterrock und eine Unterhose mit Spitze kaufen. Ich habe mich richtig aufgeregt. Das fehlte noch, meine Liebe, sage ich, dass ich nach Unterhosen Schlange stehe …!«

»Ja, Moskau – das ist schon eine gefährliche Stadt!«, rief der junge Mann aus und goss Wein in die Gläser. »Um ehrlich zu sein, meine Frau ist einmal wegen ihrer Frauenkrankheit nach Moskau gefahren und mit einer Männerkrankheit zurückgekommen.«

»Und mein Mann, der ist an Darmverschluss gestorben«, lächelte die alte Frau, an dem Portwein nippend. »Er hat sich an Pelmeni überfressen. Zwölfhundert Stück hat er gegessen, ohne sich vom Fleck zu rühren.«

»Was mich betrifft«, gestand das Mädchen mit den dicklichen Beinen, »ich bin nicht verheiratet. Ich bin noch rein wie ein Täubchen«, seufzte sie.

»Waren Sie etwa noch nie verliebt?«, erkundigte sich der Bürger mit Hut teilnahmsvoll.

»Doch, wieso denn nicht? Einmal hat mich Kolja im Treppenaufgang sogar gestreichelt«, verkündete das Mädchen mit den dicklichen Beinen und wandte leicht verlegen den Blick zum Fenster.

»Ach du meine Liebe!«, rief die alte Frau gerührt. »Mir ist etwas Ähnliches im Jahre 1922 passiert. Damals bin ich zur Frau geworden«, fügte sie stolz hinzu.

Der Bürger mit Hut gab etwas Salz aufs Ei und beförderte es ganz in den Mund.

»Ich habe einmal in einem Anfall von Melancholie«, sagte er kauend, »meiner Frau Vera mit einem Schemel eins über den Kopf gehauen. Und kein Problem, sie hat's überlebt.«

»Nein, es war 1923«, sagte die alte Frau versonnen.

»In meinem Semester bin ich die Einzige, die noch Jungfrau ist«, bemerkte das Mädchen mit den dicklichen Beinen.

»Um ehrlich zu sein«, sagte der junge Mann, während er rasch sein Essen hinunterschluckte, »ich haue gern hin und wieder jemandem eins in die Fresse.«

»Ich habe meinen teuren Verblichenen öfter mal mit dem nassen Handtuch verdroschen«, erinnerte sich die alte Frau. »Er war wirklich sehr hilflos.«

»Natürlich könnte ich!«, rief das Mädchen aus und wippte herausfordernd mit den dicklichen Beinen. »Aber ich habe Angst, dass ich schwanger werde und dann zufällig ein Kind kriege.«

»Meine Frau Vera hat dreizehn Mal künstlich die Schwangerschaft unterbrochen«, sagte der Bürger mit Hut würdevoll, kippte den Portwein in einem Zug runter und räusperte sich, »aber zwei Mal hat sie es nicht machen lassen, weshalb meine Kinder geboren wurden.«

»Um ehrlich zu sein, meine Frau hat auch abgetrieben. Das war ein sehr dramatischer Moment. Wenn ich daran denke, kriege ich rote Flecken auf der Haut. Wollen Sie mal gucken?« Der junge Mann knöpfte das Hemd auf und zeigte die frischen roten Flecken auf Brust, Bauch und unter den Achseln. Alle waren angenehm ergriffen.

»Ich habe vier Enkel und nicht eine einzige Enkelin, es ist wie verhext«, setzte die alte Frau das Gespräch fort. »Ich bin absolut sicher, dass Mischka nicht von Wassili ist.«

Sie kramte Fotos aus ihrer Handtasche. Man verglich. Mischka sah in der Tat Wassili nicht ähnlich. Wassili war mondgesichtig, und Mischkas Gesicht war eher wie das eines Pferdes geformt.

»Von wem ist er denn dann?«, fragte der junge Mann.

»Von Nikolai Mitrofanowitsch Sosulja«, flüsterte die alte Frau geheimnisvoll.

»Und haben Sie ein Foto von Sosulja?«, fragte das Mädchen mit den dicklichen Beinen.

»Nein«, sagte die alte Frau streng, »Sosulja gibt niemandem ein Foto von sich.«

»Schade«, sagte der Bürger mit Hut und warf die Essensreste aus dem Fenster, »sonst hätten wir Vergleiche anstellen können.«

Er und der junge Mann gingen eine rauchen.

»Um ehrlich zu sein, ich stehle nie«, sagte der junge Mann, während er seine billige Kippe qualmte, »aber von der Arbeit lasse ich immer irgendwas mitgehen. Es ist stärker als ich.«

»Also, wenn man mich richtig in Rage bringt«, ließ ihn der Bürger mit Hut vertraulich wissen, wobei er seine dicke Papirossa dem jungen Mann beinahe in die Brust pikste, »dann kann ich einen Mann mit einem Faustschlag zwischen die Augen umbringen.«

»Um ehrlich zu sein, ich verstehe Sie.« Der junge Mann nickte erfreut. »Dagegen ist kein Kraut gewachsen.«

Als sie ins Abteil zurückkamen, schliefen die Frauen bereits. Ohne sein Bett bezogen zu haben, streckte sich der junge Mann auf der obersten Pritsche aus und schlief rasch ein. Der Bürger mit Hut hingegen wälzte sich noch lange herum und murmelte: »Mit dem Schemel …! Hau ab, sonst kriegst du eine gepfeffert!« Aber dann beruhigte er sich und begann zu schnarchen. Den Hut behielt er auf.

Beim morgendlichen Tee sagte der junge Mann:

»Ich kenne einen Typen, der steckt sich eine Fliege in den Mund, und zum Ohr fliegt sie wieder raus.«

»Aus dem rechten oder aus dem linken?«, fragte der Bürger mit Hut.

»Und ich habe einmal im Pionierlager«, sagte das Mädchen mit den dicklichen Beinen, »der Pionierleiterin versehentlich ein Ohr abgebissen.«

»Das linke oder das rechte?«, fragte der Bürger mit Hut.

»Das weiß ich nicht mehr genau.«

»Na, und was haben sie danach mit dir gemacht?«, fragte die alte Frau ernsthaft besorgt.

»Nichts. Es war ja keine Absicht.«

»Ich muss Ihnen sagen«, erklärte der Bürger mit Hut, »dass ich vor einigen Jahren persönlich mit einem ehemaligen stellvertretenden Minister bekannt war.«

»Und ich habe Kaganowitsch aus der Nähe gesehen«, sagte die alte Frau, und die angenehme Erinnerung ließ ihr Gesicht erstrahlen.

Der Bürger mit Hut aß mit Appetit die Reste der gestrigen Sprotten auf, die über Nacht vor lauter Langeweile leicht grün geworden waren, und begann zusammenzupacken; seine Station näherte sich.

»Nehmen Sie Ihr Handtuch mit«, schlug der junge Mann vor, »wir sagen dann dem Schlafwagenschaffner, dass Sie keins bekommen haben.«

»Gute Idee«, sagte der Bürger mit Hut und stopfte das Waffelhandtuch in seine Aktentasche.

Häuschen blitzten auf, Gleise verzweigten sich fächerartig. Auf dem ansonsten menschenleeren Bahnsteig lief mit besorgtem Gesichtsausdruck eine kleine Frau mit Hütchen auf und ab.

»Vera!«, schrie ihr der Bürger mit Hut zu, aus dem Fenster gelehnt und verzweifelt mit den Armen rudernd. »Ich bin hier! Bin gleich da …! Das ist sie, meine Megäre«, sagte er und drehte sich gerührt zum Abteil um.

Der Bürger mit Hut griff sich seinen Koffer und die Aktentasche und war auch schon, ohne sich verabschiedet zu haben, auf dem Gang. Doch am Ausgang des Wagens stutzte er und rannte zurück ins Abteil.

»Ich habe ganz vergessen, Ihnen zu sagen«, teilte der Bürger mit Hut seinen Reisegefährten schwer atmend mit, »dass ich dieses Frühjahr eine Liebesaffäre mit der hiesigen Stationsvorsteherin Nina Iwanowna Swerjewa hatte. Aber ich habe ihr den Laufpass gegeben.« Und er verschwand.

Durchs Fenster verfolgten seine Reisegefährten begierig das rührende, von Küssen und Umarmungen begleitete Wiedersehen der Eheleute. Die Stationsvorsteherin Swerjewa beobachtete ebenfalls, beleidigt die Unterlippe vorstülpend, das Geschehen aus ihrem Fenster. Dann kam sie heraus, blinzelte und läutete mit gespielter Gleichgültigkeit das Glöckchen.

»Ich habe meinen teuren Verblichenen auch betrogen«, sagte die alte Frau zärtlich. »1936.«

»Und ich bin immer noch rein wie ein Täubchen«, sagte das Mädchen mit den dicklichen Beinen traurig.

»Um ehrlich zu sein, ich mag solche Mädchen wie Sie«, sagte der junge Mann und leckte seine saftigen Lippen.

Die Wagen ruckten in eiserner Konvulsion. Der Zug setzte sich in Bewegung.

»Nein, das war siebenunddreißig, nach der Verfassung«, sagte die alte Frau. »Da haben wir in Konotop gewohnt. Ich hab mir damals noch diese weißen Söckchen gestrickt.«

Der Feind

Ein Dichter mit dem für einen Juden etwas seltsamen Namen *Sumpf* plante einen Terroranschlag. Ich kannte mal einen Franzosen namens *Maikäfer* – mich kann kaum noch was erschüttern. Der Terroranschlag versprach ein Kunstwerk zu werden. Wenn ein Künstler den Platz seines Kunstwerks einnimmt, wenn er an dessen Stelle tritt, dann muss man dabei sein. Und als Sumpf fragte: »Kommst du mit?«, antwortete ich »nein«. »Du kommst mit!«, sagte Sumpf, und ich sagte »ja«. Vielleicht bin ich willensschwach, aber durchaus nicht charakterschwach.

Sumpf hatte mich ausgesucht, jemanden aus den Klatschspalten, denn er war ein so genannter »Newsmaker«, seitdem er folgenden, für jene Zeit starken Zweizeiler geschrieben hatte:

»Popenpopos sind oft putzig:
Der eine groß, der andre schmutzig.«

Sumpf war noch nicht ganz in all dem Rosa aufgegangen, da waren die rosa Knöspchen auch schon verblüht, und heutzutage kräht kein Hahn mehr danach. Besonders aus der Mode kamen die »schmutzigen« Popos, denn wie lange kann man schon diese Art Revolte kultivieren? Der ewige Dreck hing einem zum Hals raus. Aber ich mag diese Verse trotzdem, und alle mögen sie oder beneiden den Verfasser.

Es war einfach eine andere Zeit angebrochen, die Zeit zu handeln.

»Da sind Pantoffeln«, sagte Iwan Grigorjewitsch. »Guten Tag.« Er betrachtete uns eingehend, und wir betrachteten ihn eingehend.

Sumpf hatte sich die Haare blond gefärbt und ähnelte einem fetten Ukrainer. Auch ich hatte Gründe für eine Maskerade. Ich hatte mir einen grässlichen Schnurrbart angeklebt und eine dunkle Ray-Ban-Brille aufgesetzt. Iwan Grigorjewitsch hatte mich vor kurzem öffentlich als *mickriges Ungeziefer im Dienste der Unzucht* bezeichnet.

Sumpf hielt Scheinwerfer und Stativ in den Händen, ich eine vorsintflutliche Videokamera, die entfernte Ähnlichkeit mit einer Profikamera hatte.

Ich drückte meinem alten Feind die Hand. Für mich war er eine Legende. Schon als Schuljunge hatte es mich beim Lesen seiner Bücher gebeutelt und geschüttelt. Und meine Mutter selig, eine Zeichenlehrerin, die niemals Bücher zerrissen hatte, las darin und riss Seite um Seite heraus, zerriss sie und warf sie weg, mit den Tränen oppositioneller Ohnmacht. Bei genauerem Hinsehen stellte sich das Feindbild so dar:

anal stabil,

rote, verquollene Augen,

warme, den Gestank über Jahre sorgfältig konservierende Hauspantoffeln,

träge durch die frostigen Lüfte fliegend, einen Kondensstreifen zurücklassend,

koller, koller,

harnspritzender Panther,

erkaltete abblätternde Haut.

Offenbar sonderte er nachts kalten Schweiß ab. Er lag auf dem Durchschlag wie längst abgetropfte dicke Nudeln.

»Ich habe mich gerade gefragt, Iwan Grigorjewitsch, ob wir die Schuhe ausziehen sollen«, sagte Sumpf mit der süßlichen Stimme des Fernsehredakteurs.

»Seit einiger Zeit«, sagte Iwan Grigorjewitsch, »kann ich fremde Gedanken lesen. Sogar auf die Entfernung.«

»Mein Gott!«, rief der schlagfertige Sumpf. »Sollten Sie wirklich gleich erraten haben, dass wir gekommen sind, um Sie auszurauben und umzubringen?«

»Ob Sie mich ausrauben wollen oder nicht«, brachte Iwan Grigorjewitsch Klarheit in die Situation, »jedenfalls traue ich euch Fernsehfritzen nicht über den Weg.«

Wir betraten das wichtigste Zimmer des Feindes. Der Feind lebte in rosa Tapeten. Auf der Anrichte stand ein Panzer.

»Dies ist mein Lebenswerk«, sagte Iwan Grigorjewitsch schlicht, wobei er auf die Autorenexemplare zeigte, die er uns zu Ehren ausgebreitet hatte. In einiger Entfernung vom Panzer drehte sich, das Bein angehoben, eine Ballerina. Eins der Bücher – das bekannteste – lag da als winzige Fotokopie.

»Sie sind im Samisdat erschienen«, bemerkte Sumpf spitzbübisch.

»Das haben die Leser gemacht. Was blieb ihnen denn anderes übrig, als der Roman aus den Bibliotheken entfernt wurde?«

»Dann sind Sie also Dissident!«, spottete Sumpf kriecherisch.

»Vielleicht«, sagte der Hausherr, die Augen niederschlagend. »Nur mit umgekehrtem Vorzeichen.«

Eine Büste von Iwan Grigorjewitsch selbst mit schneidigem Gesicht von schwarzmetallischer Farbe stand auf dem Fensterbrett. Wir begannen unsere Apparaturen aufzustellen.

»Jetzt müssen wir Sie ein wenig schminken«, sagte Sumpf und zog eine Schachtel mit Schminke hervor.

»Wozu Lippenstift?«, regte sich Iwan Grigorjewitsch auf. »Ich bin doch ein Mann.«

»Sonst haben Sie da ein Loch und keinen Mund«, erklärte Sumpf streng.

»Von welcher Fernsehgesellschaft sind Sie eigentlich?«, fragte plötzlich der geschminkte Feind misstrauisch. »Nachher schneiden Sie die Hälfte raus.«

»Wir werden nichts rausschneiden.« Ich lächelte ihm zu und setzte mich in einen Sessel, er saß auf einem Stuhl und war aufgeregt. Die unschönen Hände hatte er auf den Tisch gelegt.

»Kamera ab!«, rief Sumpf sich selbst zu.

Da weder Kassette noch Batterien in der Kamera waren, hatte Sumpf nichts zu tun. Er guckte lediglich mit vorgestrecktem Hinterteil in das blinde Objektiv.

»Iwan Grigorjewitsch!«, sagte ich mit erhobener Stimme. »Sie ...«

»Guten Tag, verehrte Zuschauer!«, unterbrach mich Iwan Grigorjewitsch.

»Ja, ja«, sagte ich. »Nur, inwieweit ist er gut, dieser Tag?«

Iwan Grigorjewitsch runzelte die Stirn.

»In einer schweren Zeit leben wir, das stimmt.«

»Und nun meine erste Frage: Erzählen Sie von Ihrer Kindheit.«

»Ich bin Veteran«, begann Iwan Grigorjewitsch. »Ich habe vom ersten Kriegstag an Siege über die Faschisten errungen. Vor Warschau wurde ich verwundet. Nach dem Krieg habe ich unter Marschall Rokossowski in Polen Ordnung gemacht. Da gab es eine Menge Unredlichkeit.«

Ich nickte unwillkürlich.

»Der Sieg ist uns nicht in den Schoß gefallen.« Er stand abrupt vom Stuhl auf und verließ das Zimmer.

»Was ist jetzt los?«, fragte Sumpf.

Als Antwort ertönte ein fürchterlicher Furz aus dem Klo.

»Er entleert sich«, sagte Sumpf. »Er scheißt gewaltig. Es ist Zeit.«

»Warte«, sagte ich. »Interessant, was noch kommt.«

»Wenn du meinst«, sagte Sumpf missbilligend. Ungefähr eine Viertelstunde nach seinem plötzlichen Verschwinden tauchte Iwan Grigorjewitsch unter Entschuldigungen wieder auf.

»Es war sehr dringend«, erklärte er.

»Iwan Grigorjewitsch!«, sagte ich und setzte ein telegenes Lächeln auf. »Wer ist Russlands größter Feind?«

»Eine sehr weitsichtige Frage«, antwortete Iwan Grigorjewitsch anerkennend. »Ja, beinahe hätte ich's vergessen. Mir ist ein schreckliches Dokument in die Hände gefallen.«

Iwan Grigorjewitsch zog einige handbeschriebene Blätter aus dem Schreibtisch und setzte die Brille auf. Er ähnelte auf einmal einem Rentner, der versucht, die Stromrechnung zu begreifen.

»›Indem wir in Russland Chaos säen‹«, las er aufgeregt vor, »»ersetzen wir unmerklich seine wahren Werte durch falsche und veranlassen es, an diese falschen Werte zu glauben …‹ Die Pläne zur Zerstörung unseres Staates sind in der Nachkriegsdoktrin von Allan Dulles dargelegt. Und so empfiehlt der CIA-Chef, in unserem Lande vorzugehen: ›Szene für Szene wird die in ihrem Ausmaß grandiose Tragödie des Untergangs des widerspenstigsten Volkes der Welt sich abspielen.‹«

»Der Untergang des widerspenstigsten Volkes?«, fragte ich nach.

»Die Direktive wurde genauestens ausgeführt«, nickte der Schriftsteller unbarmherzig. »Wie? Hören Sie mal zu: ›Aus der Literatur und der Kunst zum Beispiel werden wir den sozialen Kern entfernen, wir werden den Künstlern ihre Lust austreiben, sich mit der Darstellung jener Prozesse zu befassen, die tief im Innern der Volksmassen vor sich gehen.‹«

»Das ist ihnen gelungen«, stimmte Sumpf bereitwillig zu.

»Alles fing schon unter Nikita an«, erklärte uns Iwan Grigorjewitsch. »Aber auch zu Breshnews Zeiten hat der CIA nicht die Hände in den Schoß gelegt. Jedes zweite Politbüromitglied war Freimaurer.«

»Wer ist denn schuld am Zusammenbruch unserer Großmacht?«, rief ich aus.

»Suslow!«, ließ sich eine schwache Stimme vernehmen. Wir blickten uns um und fuhren zusammen. Da stand eine dürre, hässliche Alte mit aufgelösten Haaren, schlichtem russischem Gesicht und blutigen Wattebäuschen in den Nasenlöchern. Sumpf küsste der Hausherrin mit der ihm eigenen Eleganz die Hand.

»Sie ist taub«, sagte Iwan Grigorjewitsch. »Außerdem kommt bei ihr abends immer Blut aus der Nase. Ist aber nicht lebensgefährlich.«

»Iwan!«, flüsterte Natalja Michejewna. »Wo sind wir? Ich habe dich verloren!«

»Alles in Ordnung, Natascha!«, brüllte Iwan Grigorjewitsch sie an, die roten Lippen bewegend.

»Suslow hat uns gezwungen, unter der Fuchtel von diesen Leuten hinterm großen Teich zu leben«, mischte sich Natalja Michejewna sanft ins Gespräch. »Er hat dieses Gesindel unterstützt, mit Medaillen und Heldensternen ausgezeichnet. Adshubej, der Schwiegersohn von Chruschtschow, hat den Leninorden bekommen. Oder der Journalist Juri Shukow – Held der sozialistischen Arbeit. Und wofür, für welches Meisterwerk?«

Iwan Grigorjewitsch biss sich auf die Lippe und sah Natalja Michejewna mit einem Blick hilfloser Verwirrung und heiliger Entrüstung an. Dann begann er leise zu sprechen, so als wäre er ganz ruhig, aber wir sahen, was ihn diese Ruhe kostete:

»Dieses Dokument hat mich an die ›Protokolle der Weisen von Zion‹ erinnert. Hier wie dort geht alles in Erfüllung wie geplant. Und nun«, er nickte in die Kamera, »wird das ganze Volk dieses Dokument hören!«

»Aber hast du nicht selber zu mir gesagt, mein Lieber, dass es das Volk nicht gibt, sondern nur die Menge, die Masse?«, fragte Natalja Michejewna.

»Ich hoffe, dass die betrogene Menge von heute sich morgen in das Volk verwandelt. Doch dem russischen Volk wird es sehr schwer fallen, das Land wieder aufzurichten. Innerhalb des Volkes sind in den letzten Jahren viele Feinde Russlands aufgetaucht. Der schlimmste darunter ist die Jugend. Das sind grausame Missgeburten, ohne weiteres vergewaltigen und erschlagen sie ihre Freundinnen für Jeanshosen oder Videoapparate. Und jetzt, meine Liebe«, brüllte Iwan Grigorjewitsch, »gieß uns doch ein Tässchen heißen Tee ein! Aber einen starken!«

Natalja Michejewna und Sumpf zogen im Gänsemarsch in die Küche ab.

»Hat er die Kamera ausgeschaltet?«

Ich nickte. Iwan Grigorjewitsch sah mich listig von der Seite an.

»Du glaubst wohl, ich bin bloß ein alter Knochen?«

Er ging rasch zur Tür. Das Schloss schnappte.

»Ich zeig dir was.«

Er öffnete wieder die Schreibtischschublade, aus der er bereits das CIA-Dokument hervorgezogen hatte, und reichte mir mit leicht zitternder Hand eine Fotografie. Ein Schwan, der hinter einem Mädchen stand, berührte mit halb ausgebreiteten Flügeln ihre entblößten Schultern. Der Kopf des Mädchens mit wallendem Haar war in süßem Schmachten leicht zurückgeworfen. Der elegante Hals des Schwans ruhte auf dem hellen, gefällig angeschwollenen Venushügel.

»Journalistin.« Iwan Grigorjewitsch kniff zärtlich die Augen zusammen. »Eine Gleichgesinnte.«

»Wärme mich, Liebster.«

Iwan Grigorjewitsch schleppte die Elektroheizung ins Schlafzimmer, wohin Aljona bereits entflattert war. Und erneut vernahm man das Gurren der Geliebten im warmen Bettchen:

»Wanetschka, geht es dir gut mit mir, bedauerst du es nicht?«

»Mein Augenstern, warum fragst du? Ich möchte schreien: ›Ihr Menschen! Ich bin glücklich!‹«

»Und Sie sagen, dass Sex für Sie nicht existiert«, sagte ich, gerührt von seiner Zutraulichkeit, während ich ihm die Fotografie der nackten Journalistin zurückgab.

»Liebhaberinnen erkenne ich nicht an, das ist nichts für mich«, sagte Iwan Grigorjewitsch streng. »Für mich kann es nur eine Geliebte geben.«

»Ist das nicht ein und dasselbe?«, fragte ich mit gespielter Verwunderung.

»Ganz und gar nicht. Eine Liebhaberin – das ist etwas Vorübergehendes, etwa wie eine Erkältung. Eine Geliebte – das ist der Gegenstand unauslöschlicher Anbetung.«

»Also wenn Sie so denken – ich stehe zu Ihren Diensten«, sagte Aljona sanft und kroch unter die Decke, die sich über ihr schloss.

Nach kurzem Schweigen begann Iwan Grigorjewitsch laut nachzudenken:

»Warum bin ich Ihnen nicht schon vor zehn Jahren begegnet?«

Als kluges Mädchen verstand sie natürlich, *was* an ihm nagte, und sie bemühte sich, seine Zweifel zu zerstreuen.

»Immer reden Sie nur von Ihrem Alter!«, sagte Aljona leichthin. »Vergessen Sie das – Sie sind in einem wunderbaren Alter. Denken Sie nur an Maseppa und Maria. Oder an den siebzigjährigen Goethe und die sechzehnjährige U...«

»Das sind alles Anomalien aus dem Guinness-Buch«, versetzte Iwan Grigorjewitsch wehmütig.

Und Aljona beschloss, den ersten Schritt zu tun.

»Bin ich etwa nicht die Richtige?« Sie sah ihn mit einem schwülen Blick an.

Ihr Gesicht glühte. Geistige Nähe ruft unbedingt auch fleischliche hervor. Und umgekehrt. An der Tür zum Arbeitszimmer wurde zaghaft gekratzt.

»Iwan?«, war Natalja Michejewnas Stimmchen zu hören. »Was ist los, Iwan? Hast du dich etwa eingeschlossen?«

»Trotz allem werde ich sie nicht verlassen«, sagte Iwan Grigorjewitsch kategorisch und warf einen funkelnden Blick in Richtung Tür. »Die Alte ist ohne mich verloren.«

»Ich komme!«, schrie er, öffnete die Tür mit einem Gefühl seelischen Aufschwungs und begann überraschend für alle zu singen:

»Leuchte, leuchte, du mein Stern,
Einzig dich seh ich mit Bangen
Stern der Liebe, mein Verlangen,
Kein andrer wird mich je verzehrn.«

Iwan Grigorjewitsch trat zum Fenster, wobei er dem grellen Scheinwerferlicht auswich, blickte auf die Straße, und plötzlich fühlte er, dass dies nicht einmal mehr Moskau war, sondern einfach eine Stadt. Ohne Seele und Gewissen.

»Also, sonst noch Fragen?«, sagte Iwan Grigorjewitsch leicht gereizt.

»Lassen Sie uns unsere Meinungsverschiedenheiten präzisieren«, vernahm Iwan Grigorjewitsch seine eigene Stimme. Es war noch nicht lange her, dass Iwan Grigorjewitsch etwas Außergewöhnliches geträumt hatte. Es war, als hörte er seine eigene Stimme, die ihm selbst ein Traktat über die Ereignisse des Tages vorlas. Einige Thesen verblüfften ihn durch ihre Neuartigkeit.

»Wir, das heißt unsere Zeitung nennt das den Oktoberumsturz«, stichelte jemand durchaus freundschaftlich.

Ja. Das war Aljona. In einem glockigen, trapezförmigen Mantel von goldschimmernder Farbe, mit Beinen wie gemeißelt, in einer schwarzen Nerzmütze mit Ohrenklappen, so blieb sie voller Schneeflocken an der Schwelle stehen und sagte, ihre Verlegenheit bezwingend, mit singender Stimme:

»Ich habe hochinteressantes Material gesammelt: die Namen der Passagiere, die zusammen mit Lenin im verplombten Waggon gefahren sind. Insgesamt einhundertneunundachtzig Personen. Davon waren *nur neun* Russen.«

»Sie haben zweifellos Recht, Aljona, dass an der Spitze der Revolution vor allem Juden standen«, sagte Iwan Grigorjewitsch versöhnlerisch. »Die Kommunisten haben dem Volk das Paradies auf Erden versprochen und nur Armut gebracht. Ich selbst habe als Kind Bastschuhe getragen.«

»Mein Lieber, Teurer, Sie mein einziger Bastschuh!«, sagte die Journalistin mit ungeheucheltem Gefühl.

Unwillkürlich dachte sie an *ihren* Seemann aus Kronstadt, Igor. Verglich. Ein Unterschied wie Tag und Nacht. Da war der impulsive Aufschrei des Fleisches gewesen, eine auf ihre Art ungesunde Neugier, die an Erotomanie grenzte. Aber da war keine Feuersbrunst der Seele, kein Wahnsinn der Gefühle, die plötzlich über einem zusammenschlugen wie ein Orkan. Zu Igor empfand sie nicht einmal eine solche Zärtlichkeit wie zu Iwan Grigorjewitsch. Ein außergewöhnliches Naturtalent!

Und das »außergewöhnliche Naturtalent« rannte in der Wohnung umher, aufgewühlt von einem Wirbelsturm angenehmer Gedanken. Ein grandioses, alles überwältigendes Gefühl beherrschte ihn uneingeschränkt und mächtig.

»Meine Liebe zu dir ist universal.«

»Oh, wie herrlich!«, rief Aljona aufgeregt.

Gegen Ende des Abendessens waren beide Flaschen leer. Aljona, die Alkohol nicht gewöhnt war, hatte einen ordentlichen Schwips. Ohne den gerührten Blick von dem Geliebten abzuwenden, öffnete sie ihm ihre Seele und sagte vertraulich:

»Wanka, du Parasit, zum ersten Mal im Leben liebe ich. Berühre bitte schnell mit deinem Schnäbelchen mein Brustwärzchen!«

Mit einem Klicken öffnete sie energisch den strammen Verschluss ihres Büstenhalters und fixierte ihn mit den Augen eines Menschen, dem die Lüge fremd ist. Iwan Grigorjewitsch berührte die wohlgeformten Mädchenbrüste und sagte ohne Eile und mit gedämpfter Stimme:

»Dabei hat es doch die Tschaikowskis und Mussorgskis gegeben, es gab Scholochow. Aber jetzt ... Schnittke und Neiswestny, van Gogh und Brodsky. Sie säen Gemeinheit und Schmutz.«

Aljonka spuckte nervös auf den Fußboden und stand auf.

»Egal! Der Nebel wird sich verflüchtigen, ein neuer Marschall Shukow erscheinen, und die Sonne wird wie zuvor über unserem Vaterland nicht untergehen. Es ist spät, und ich bin berauscht. Ich lande womöglich noch in der Ausnüchterungszelle, und das wäre ein gefundenes Fressen für die Boulevardzeitungen.«

»Du gehst nirgendwohin, ich lasse dich nicht gehen«, sagte er fest, wobei er dicht an sie herantrat.

Und da erinnerte sich Iwan Grigorjewitsch an einen dunklen Fleck von der Größe eines Birkenblattes an ihrer Hüfte. Diesen Fleck hatte er zwar schon in der Badewanne bemerkt, jedoch dezent geschwiegen. Nun beschloss er, ein wenig neugierig zu sein.

»Eine Brandwunde?«

Aljona, die seinen Schnurrbart zauste, sagte verschmitzt:

»Nein, ein Muttermal. Mein besonderes Kennzeichen.«

Sie schmiegte sich an ihn, tastete an seiner Schulter nach dem Muttermal von der Größe einer Haselnuss und sagte hinterlistig:

»Und du, das weiß ich ja seit meiner Kindheit, du hast doch auch einen Produktionsfehler ...«

»Ein Bekannter von mir, ein Chirurg, hat mir angeboten, es zu entfernen«, sagte er gequält, denn als Mensch der Kriegsgeneration genierte er sich schrecklich, »aber ich habe es abgelehnt, wozu da herumschneiden? Mich stört es nicht.«

So lagen sie im Bett und sprachen von ihrer unauslöschlichen Liebe, von der Unsterblichkeit der Seele und wieder von Liebe und Treue.

»Materieller Wohlstand«, sagte Iwan Grigorjewitsch, »ist drittrangig. Zu zweit schaffen wir es, allen Millionären zum Trotz. Wir haben das Wichtigste – unsere Liebe. Sie wird uns helfen, im grausamen Kampf zu bestehen.«

Er schenkte ihr einen dankbaren Blick, nahm vorsichtig, als sei es ein kostbares Gefäß, ihre zarte Hand und führte sie an seine Lippen. Als Antwort tätschelte sie ihm zärtlich die Wange und sagte:

»Lass den Kopf nicht hängen: Du und ich, wir sind Patrioten.«

»Und die Repressionen?«, platzte Sumpf heraus, der vor Aufregung vergaß, das »r« zu rollen.

»Eine Auflistung von Stalins persönlichem Eigentum«, erwiderte Iwan Grigorjewitsch und zuckte ruhig die Schultern, »die nach seinem Tode erstellt wurde, bezeugt unanfechtbar: drei Anzüge, drei Hosen, ein Paar Hosenträger, vier Unterhosen, sieben Paar Socken und vier Pfeifen.«

»Iwan Grigorjewitsch«, sagte ich. »Ich sehe in Ihrem Arbeitszimmer unter den Porträts berühmter Männer mit Schulterstücken das Foto von einem schlichten blonden Mädchen, das wie aufs Haar Ihnen und Ihrer Frau gleicht. Nach der Frisur zu urteilen, ist dieses Porträt wohl zwanzig Jahre alt.«

»Natascha!«, schrie Iwan Grigorjewitsch. »Sie fragen nach unserer Tochter.«

Natalja Michejewna kniff bekümmert die Lippen zusammen. Sie saß da in einem alten, abgenutzten Morgenrock, unter dem die nicht mehr frische, reichlich mit Blut befleckte Wäsche hervorlugte.

»Sie ist mit dem Motorrad umgekommen«, sagte Natalja Michejewna, und die Schultern der alten Frau zitterten vor lautlosem Weinen.

»Das ist nicht die ganze Wahrheit!«, schrie Iwan Grigorjewitsch die Alte an und stampfte mit dem Fuß auf.

Sumpf schaute mit bleichen Lippen hinter der Kamera hervor.

»Das ist unsere ermordete Tochter«, sagte Iwan Grigorjewitsch. »Sie und ihr Bräutigam waren mit dem Motorrad unterwegs. Man hat sie über den Haufen gefahren. Und statt unserer Tochter erste Hilfe zu leisten, verhöhnten die Verbrecher ihren verwundeten Körper, vergewaltigten das sterbende Fleisch und Blut und verschwanden, nachdem sie in ihre zarte rosa Muschi eine leere Flasche, entschuldigen Sie, Coca-Cola gesteckt hatten. Sie starb im Krankenhaus. Sie haben sich an mir gerächt!«

»Wer, sie?«, fragte ich.

Diamantene Tautropfen funkelten in den Sonnenflecken. Entgegen allem Unglück und Leid lebte die Natur nach ihren Gesetzen, und niemand konnte den natürlichen Lauf ihrer Lebenstätigkeit aufhalten.

»War sie Ihr einziges Kind?«, wollte Sumpf wissen.

Natalja Michejewna begann zu weinen, als wäre alles erst gestern gewesen.

»Leck mich am Arsch, das ist ja grauenvoll!«, entfuhr es mir. Iwan Grigorjewitsch tat, als hätte er den unflätigen Ausdruck nicht gehört. Der Frühling beging feierlich das Erwachen der Natur und stellte seine nicht von Menschenhand geschaffene Schönheit zur Schau. In Moskau sangen zu dieser Zeit im Park von Ostankino die Nachtigallen ihre Koloraturen. Siebzig Kilometer nördlich der Hauptstadt schwiegen sie noch.

Aljona verstummte, hielt den Atem an, als lauschte sie der Stille. Iwan Grigorjewitsch wartete ebenfalls mit gespitzten Ohren. Und da erwachte der ehrwürdige steinerne Sergius zum Leben. Er klopfte drohend mit dem Stab auf den Boden.

»Was ist, Veteran, tut es dir Leid um Russland?«

Und Iwan Grigorjewitsch sieht, vor ihm steht nicht mehr Sergius von Radonesh, sondern Fidel Castro. Und Fidel sagt zu ihm: »Verraten habt ihr die Sowjetmacht und das revolutionäre Kuba. Den Sozialismus habt ihr verraten.« Iwan Grigorjewitsch will etwas sagen, erklären, dass wir selbst verraten wurden und verkauft, dass Aljona umgebracht wurde, aber er hat keine Worte, keine Stimme. Und Fidel fährt mit der ihm eigenen Inbrunst fort: »Russland ist eine amerikanische Kolonie geworden, aber Kuba wird nicht kapitulieren. Uns werden die himmlischen Engel zu Hilfe eilen, wir werden siegen! Sie fliegen schon Richtung Erde, ich höre ihre Signale! Seht, da kommen sie geflogen, unsere Retter. Seht ihr ihre Luftschiffe, die fliegenden Untertassen?«

»Ja«, nickte ich und starrte aufrichtig in den Moskauer Frühlingshimmel. »Ich sehe sie!«

»Und da habe ich alles begriffen«, sagte Iwan Grigorjewitsch im Flüsterton in unsere Kamera. »Ich habe alles endgültig begriffen.«

Er machte eine Pause. Sumpf und ich sahen ihn erschrocken an.

»Ihr Menschen!«, sagte Iwan Grigorjewitsch, an die Fernsehzuschauer gewandt, sich den Lippenstift abwischend. »Vor vielen Jahrtausenden wurde aus einer anderen Galaxis der Same raffinierter Zweibeiner, überheblicher Egoisten auf der Erde eingeschleppt. Sie kamen unter die vertrauensseligen Ureinwohner und benahmen sich überall wie Bazillen. Diese Erreger des Bösen«, dröhnte die Stimme Iwan Grigorjewitschs, und unwillkürlich genoss ich den Anblick des Alten, »finden leicht Zugang zum jeweiligen Milieu, lösen sich aber nicht in ihm auf und verändern keineswegs ihr zerstörerisches Wesen. Über eine Geheimsekte regieren sie bereits den Planeten Erde, allerdings eben noch im Geheimen. Auf dem Wege zur Weltherrschaft stießen sie auf unser großartiges Land. Das gibt es nun nicht mehr, sie haben das Hindernis aus ihrem schwarzen Wege geräumt. Unser Planet versinkt in einem Ozean der Lüge.«

»Erhebet euch, ihr Reußen«, flüsterte Aljona, »jung und alt, vergesset allen Hader und Zwist, werft euch mit vereinten Kräften auf das Ungeheuer! Ihr Fürsten Alexander und Dmitri! Stalin und Jesus Christus! Erstehet in Gestalt eurer Kinder und Kindeskinder! Schonet nicht Leib noch Leben für die heilige Rus. Ooooh!«, stöhnte sie sehr intim. »Ah!«

Ihre Lippen waren leicht geöffnet. Das Halbdunkel verdichtete sich. Vater und Tochter überließen sich einem leichten, angenehmen Dahindämmern.

»Das ist ein direkter Aufruf zur Vernichtung der Juden«, sagte Sumpf, während er auf dem Treppenabsatz rauchte.

»Ihre Tochter ist umgekommen«, sagte ich stirnrunzelnd.

»Das Opfer eines Verkehrsunfalls«, sagte Sumpf.

»Pack die Kamera ein und lass uns gehen.«

Sumpf schüttelte langsam den Kopf. Das Treppenhaus hatten irgendwelche Randalierer vollkommen eingesaut.

»Ich als Jude ...«

»Schon gut, schon gut«, sagte ich. »Spuck ihm beim Rausgehen in die Fresse. Von mir gleich mit. Ich geh da jedenfalls nicht mehr rein.«

Sumpf missfiel es sehr, dass ich den falschen Schnurrbart abnahm, und er sagte:

»Wenn ich diese Natter nicht zerquetsche, wird viel Blut fließen.«

»Gehen wir«, bat ich. »Altersschwachsinn und sonst nichts.«

»Ansteckender Schwachsinn.« Er zündete sich eine neue Zigarette an.

»Der Opa ist verknallt«, sagte ich. »Lass ihn in Ruhe.« Sumpf winkte nur ab.

»Hör mal, du Zionist«, lachte ich, »du hast nichts begriffen. Da ist noch die Alte.«

»Ich wusste nicht, dass du ein Feigling bist«, sagte Sumpf.

»Mein Bester!« Ich fasste ihn am Ärmel. Ich hatte auf einmal eine kreischende Frauenstimme, und ich schämte mich weiterzureden. Ich hatte noch nie in meinem Leben gekreischt wie eine Frau.

Ich ging die Treppe hinunter. Ich hörte, wie die Tür zu Aljonas Wohnung zuschlug.

Elternversammlung

Wie sollte die Abiturfeier ablaufen? Welche Vorschläge würde es wohl geben?

Am Morgen öffnete ich voller Angst die Tür zum Garten. In den Schulbänken saßen ehemalige Sowjetmenschen. Mit Nervengas in Jacke und Handtasche. Manche Mamas gaben sich jugendlich. Andere sahen aus wie alte Frauen, aber vielleicht waren das ja Großmütter. Das war nicht ganz klar. Eigentlich hatte ich keine Zeit, in die Schule zu gehen. Unmerklich waren elf Jahre vergangen. Sie betrank sich dermaßen, dass ihr die Linsen aus den Augen sprangen. An den Wänden des Physikraums hingen verschiedene Entdecker physikalischer Gesetze. Dank einiger von ihnen brannten Glühbirnen an der Decke. Über der Tafel hing niemand.

Es gab keine Vorschläge.

In der Klasse war es nicht sehr warm. Sie saßen im Mantel da. Manche mit geschlossenen Augen. Andere mit offenen. Ein paar Männer waren auch gekommen. Sie hatten einen Gesichtsausdruck, als wäre ihnen in der Früh der »Shiguli« geklaut worden.

Genossen!

So einfach war das, wie in alten Zeiten. Niemand reagierte.

Die Lehrerin mit grauer Haarsträhne sah in die unbekannten

Gesichter. Wie alle alten Lehrerinnen war sie redselig. Zwischen den Bäumen entdeckte ich zwei Katzen: eine rostrote und eine schwarz-weiße. Sie öffnete den Mund und war nicht mehr zu bremsen. Sie sprach lange und deutlich artikuliert. Als sie noch ein kleines Mädchen war, hatte Großpapa ihr beigebracht, richtig mit Messer und Gabel zu essen, indem er ihr dicke Wörterbücher unter die Achseln klemmte. Was waren das für Wörterbücher in Ledereinbänden? Sie musste sie mit ihren Ärmchen an den Körper drücken. Den Worten der Lehrerin war zu entnehmen, dass sie trotz allem Schule und Kinder liebte. Trotz aller Schwierigkeiten. Bei einer der Mamas flossen die Tränen. Sie versuchte, ihre Tränen zurückzuhalten, doch es gelang ihr nicht. Sie griff nach ihrer Handtasche und rannte geräuschvoll aus der Klasse hinaus. Die Leute blickten ihr nach, aber nicht alle. Einige verstanden nicht, was los war. Ein Mann stand auf und ging auf Zehenspitzen hinaus. Der liebe Großpapa, der immer mit dem Fahrrad unterwegs war. Er hatte ganz Europa auf seinem Drahtesel abgeklappert.

Was machen wir denn nun mit der Abiturfeier?

Es wäre gut, ein Elternkomitee zu gründen.

Unsere Abiturfeiern können sehr interessant sein.

Vorletztes Jahr haben wir ein ganzes Schiff gemietet und eine Nachtfahrt auf dem Fluss gemacht. Wirklich unvergesslich. Sie saß auf dem Treppchen vor der Datscha, den Kopf zwischen den Knien, mitten in der Nacht. Sie kotzte alles voll: die Schlappen, die Jacke, die offene Hose. Das mit dem Schiff ist natürlich nicht leicht zu organisieren. Es war einfach zufällig so, dass einer von den Vätern etwas mit der Flussschifffahrt zu tun hatte.

Aber es muss ja nicht unbedingt ein Schiff sein.

Geld müssen wir auf jeden Fall sammeln.

Dafür wäre es gut, ein Elternkomitee zu gründen.

Wer von Ihnen möchte sich daran beteiligen?

Eine Frau in der letzten Bank hob die Hand. Sie hatte einen ganzen Berg zusammengekotzt.

Sehr gut. Wer noch?

Niemand hob mehr die Hand.

Die Lehrerin wartete. Aus der Vogelperspektive ähnelt Prag einer Katze.

Also, wenigstens zwei brauchen wir noch.

Die Mamascha in der letzten Bank überlegte es sich noch mal anders und zog, überraschend für alle, ihre Kandidatur zurück.

Also, überlegen Sie es sich. Wir haben noch Zeit.

Die Vögel sangen in den höchsten Tönen. Es war ein heißer Aprilmorgen. Die Kotze verschwand auf wunderbare Weise. Ich traute meinen Augen nicht. Einige sahen die Lehrerin respektvoll an. Ein Vater guckte sogar leicht unterwürfig.

Vielleicht machen ja diejenigen von Ihnen, die heute nicht gekommen sind, beim Elternkomitee mit? Nicht gekommen sind wahrscheinlich zehn bis zwölf Personen.

Die Erinnerungen an die Abiturfeier bleiben einem fürs ganze Leben. Das wissen Sie selbst sehr gut.

Also, wie sieht es aus? So ein Elternkomitee wird nicht allzu viel Arbeit machen. Wir treffen uns ein-, zwei Mal. Sie sind doch ein seltsames Völkchen, diese Franzosen.

Genossen! Ich bitte Sie …

Die Mamascha in der letzten Bank war wieder bereit, im Komitee mitzumachen. Sie war weder auf jugendlich getrimmt noch eine alte Frau. Irgendetwas dazwischen. Jetzt war sie schon felsenfest entschlossen mitzumachen. Sagte nicht mehr nein. Absolut felsenfest entschlossen. Aber die anderen zögerten, wollten nicht so recht, warteten auf irgendetwas. Sie guckten lauernd, streckten die Schnäuzchen vor. Listige, abwartende

Schnäuzchen. Sie futterten alles ratzeputz weg und warteten auf Nachschub. Sie drangen in ihr Unterbewusstsein ein. Manche taten nur so, als seien sie anwesend.

Es bestand jedoch eine gewisse Hoffnung, dass bis zum Ende der Versammlung noch zwei Personen mitmachten.

Eine geringe Hoffnung natürlich, aber immerhin.

Der Bauchnabel

Der Bauchnabel ist ein unverzichtbarer Bestandteil meines Organismus. Mein Absturz in den Gully vor den Augen der tibetischen Figurenverkäufer ereignete sich gleich nach meiner Ankunft, als ich aus dem amerikanischen Hotelkomplex heraustrat, sozusagen als Akt Nummer eins. Der Gullydeckel drehte sich unter meinen Füßen, und ich segelte ungehindert in die sich auftuende Öffnung hinein. Der Sturz in die Tiefe war vom Verlust meiner Sonnenbrille und meines Kamms, von starker Schweißabsonderung, weit aufgerissenen Augen und intensiver Abschürfung des lebendigen Organismus begleitet. Dreimal so glücklich wie Prshewalski, der Tibet, von Norden kommend, schließlich doch nicht erreichte, gelangte ich auf unredliche Weise dorthin, über das allzu spielzeughafte Kathmandu, wo an jedes fahrende Auto bunte Bänder mit leeren Bierdosen geknüpft sind. Kadakin, der russische Gesandte in Nepal, bemühte sich händeringend, mich von diesem Abenteuer abzubringen, und während ich durch den Kanalisationsschacht abwärts sauste, sah ich unter anderem auch das lebhafte Gesicht des Diplomaten mit dem früh ergrauten Haarkranz vor mir.

Der Flug über den Himalaya hatte nicht mehr Zeit in Anspruch genommen als mein ausgedehnter Fall. Über mir stand der Gullydeckel hochkant wie eine Münze, so dass er den Himmel nicht verdeckte. Kleine chinesische, Heuschrecken ähnliche Offiziere in grellgrünen Uniformen, mit denen ich noch ein Hühnchen rupfen musste, da sie das Dach der Welt mit Blut befleckt hatten, schwirrten vorbei. Stewardessen der China South-West Airlines mit larvenblassen Porzellangesichtchen schwirrten vorbei. Die kleinen Lumpen von der chinesischen Staatssicherheit in sattblauen Uniformen schwirrten vorbei. An den strategisch wichtigen Zugangswegen zu Essensausgabe und Toilette standen, zur Salzsäule erstarrt, frisch angeworbene Tibeterinnen in dunkelgrünen flatternden Hosen, die so weit waren, als müsste man noch hineinwachsen oder als seien sie speziell für asiatische Kampfsportarten gedacht. Die ziegelroten Frauengesichter sahen überhaupt nicht friedfertig aus. Zollbeamten mit schütterem schwarzem Haar und Schnurrbart schwirrten ebenfalls vorbei. Während die indischen Usurpatoren den Reisenden an den innerindischen Grenzen mit ihren meterlangen Schnurrbärten und Karabinern, Baujahr 1898, erschrecken und Abgaben eintreiben, sehen ihre chinesischen Kollegen Schande und Tod des Ausländers viel lieber als Geld. Nirgendwo auf der Erde gibt es einen kürzeren Weg zum Himmel als in der indischen Stadt Varanasi am Ganges, und nicht zufällig fahren Horden von alten Frauen und Männern in Autobussen dorthin, um sich den Tod zu holen. Aber unter dem Himmel Lhasas in der Scheiße zu versinken und nicht einmal vorher die Sehenswürdigkeiten der Stadt besichtigt zu haben, das war zumindest ein Schritt im unpassenden Moment, und ich stieß beleidigt einen Schrei aus. Die pfiffigen chinesischen Militärs hatten den Flughafen in sage und schreibe 96 Kilometern Entfernung von Lhasa angelegt. Einer feindlichen Luftlandetruppe dürfte es nicht leicht fallen, die Stadt von den Chinesen zu befreien. Wenn sich tierische Laute der Kehle entringen, wenn unten der Urin herausläuft und nachts die Körpertemperatur sinkt, dann bedeutet das, ich werde im nächsten Leben ein Tier sein. Eine Seilwinde beförderte mich unter dem einmütigen Gelächter der tibetischen Verkäufer und Verkäuferinnen von Silbersachen an die Erdoberfläche – sie hatten allen Grund zur Belustigung.

»Mit welcher Absicht sind Sie nach Tibet gekommen?«

»Um die Wahrheit zu schreiben. Die Wahrheit aber ist, das einzige tibetische Wort, das ich gelernt habe, ist *Momo*, was auf Russisch Pelmeni bedeutet.«

»Haben Sie Momo mit Yakfleisch probiert?«

»Woher können Sie Russisch?«

»Sie sind der erste Russe, dem ich bisher in meinem Leben begegnet bin. Und Sergej, wer ist der? Ihr Leibwächter?«

»Er ist ein reumütiger russischer Geschäftsmann«, sagte ich. Sie blickte mir in die Augen. Noch nie im Leben hatte mir jemand so schamlos in die Augen geblickt.

»Das war ein Anfall von Höhenkrankheit«, sagte sie.

»Nein«, sagte ich. »Ich kann mich gut erinnern, wie ich mich an der Jauche verschluckt habe. Ich erinnere mich an den Strudel. Er zog mich in die Tiefe. Im Wasser schwammen lauter Kötel.«

»Das war ein Anfall von Höhenkrankheit«, sagte Kelsang und setzte sich auf den Rand meines Bettes. »Die Höhenkrankheit entsteht beim Menschen ab 2450 Meter Höhe. Lhasa liegt 3650 Meter hoch. Selbst erfahrene, an große Höhen gewöhnte Bergsteiger sind gegen diese Krankheit nicht gefeit. Es ist unmöglich, sich an solche Höhen zu gewöhnen. Bemühen Sie sich, möglichst viel Wasser zu trinken, und lassen Sie den Alkohol weg! Haben Sie Schwindelgefühle?«

Sergej betrat das Zimmer, um sich nach meiner Gesundheit zu erkundigen.

»Die wollen hier irgendwie nicht zugeben, dass ich in einen Gully gefallen bin.«

»Vielleicht haben sie Recht«, sagte der reumütige Geschäftsmann. »Woher sollen wir das schon wissen?«

Kelsang lächelte ihm dankbar zu.

»Was ist los, haben die Sie schon gekauft?«, wunderte ich mich.

»Sie dürfen sich nicht aufregen«, bemerkte Sergej. »Ihr Zustand ist labil, und die Höhenkrankheit kann jeden Moment einen fatalen Ausgang nehmen. Nicht umsonst hat Ihre verstorbene Großmutter Sie in ihre Obhut genommen. Ich sehe, dass sie es sich in der Ecke da gemütlich gemacht hat.«

»Ich glaube Ihnen erst«, sagte ich zu Sergej, »wenn Sie mir sagen, wie meine selige Großmutter geheißen hat.«

»Anastassija Nikandrowna.«

Ich setzte mich im Bett auf, spürte einen scharfen Schmerz im Bauch und ließ mich stöhnend ins Kissen zurückfallen.

»Knien Sie vor mir nieder und bekennen Sie, dass Sie den Namen meiner Großmutter vom chinesischen Geheimdienst haben.«

Sergej kniete beleidigt nieder. Bei diesem reumütigen Geschäftsmann hatte die Wand zwischen Tagträumen und Wirklichkeit Löcher. Immer wenn er schwach wurde, begann er erfolgreich zu träumen.

»Hören Sie, wie war noch Ihr Name?«, fragte ich Kelsang. »Sie haben doch nichts dagegen, wenn ich Sie Momo nenne?«

Unter der Decke brach mir der kalte Schweiß aus. Allen war es heiß, nur mir war kalt. Ich betastete mich und fragte:

»Warum bin ich nackt? Wer hat mir die Kleider ausgezogen?«

»Anastassija Nikandrowna!«, wandte sich Sergej an meine selige Großmutter. »Wie sieht's eigentlich bei Ihnen mit Bargeld aus?«

»Halt!«, rief ich. »Reden Sie nicht immer dazwischen!«

In Tibet gibt es keinen Individualtourismus. Großmutter, gut frisiert, lief wie ein junges Mädchen zum Fenster, schob die Vorhänge zur Seite und sah interessiert hinaus, als erwarte sie Gäste. Unsere Gruppe bestand aus zwei jungen Schweden, die einander so ähnlich sahen wie weißblonde eineiige Zwillinge, einem liberalen Lehrer aus Kanada, der sich sonntags mit Zeichnen beschäftigte, dem russischen reumütigen Geschäftsmann und mir. Momo empfing uns am Flughafen in einer knallroten Jacke mit Webpelzkragen und schwarzer Jeans westlichen Ursprungs. Aus scheelen schwarzen Pupillen blickte sie mir schamlos in die Augen. Sofort lief mir ein kalter Schauer den Rücken hinunter.

»Ich heiße Kelsang Lamo«, stellte sich Momo vor. »Das tibetische Volk stammt zur Hälfte vom Affen ab.«

»Das sind alles billige Legendenbildungen«, wandte ich ein und zündete mir eine Zigarette an. »Das tibetische Volk ist aus dem Beischlaf irdischer mit himmlischen Mächten entstanden. Warum haben Sie auf dem Flughafen nicht Russisch mit mir gesprochen? Wer hat mich nackt ausgezogen?«

»Ich spreche kein Russisch«, sagte Momo. »Sie haben sich verhört.«

»Okay«, sagte ich. »Bringen Sie mir bitte, falls es Ihnen keine Mühe macht, aus dem Badezimmer das Rasiermesser aus meinem Reisenecessaire.«

»Gut, gut, aber versprechen Sie mir aufzustehen, während ich Ihr Rasiermesser hole, und sich zum Ausgang zu begeben. Die Schweden warten bereits sehnsüchtig auf uns!«

Ich warf die Decke zur Seite und entblößte mein kleines Pistölchen.

»Es ist mir unangenehm, Sie daran erinnern zu müssen«, sagte der reumütige Geschäftsmann, noch immer kniend, »aber zunächst müssen Sie sich von Ihrer Frau scheiden lassen. Das ist die erste Bedingung. Ihnen steht ein langer Weg bevor. Sie befinden sich erst am Anfang. Sie müssen sich beeilen.«

»Schauen Sie nur«, sagte ich zu Sergej. »Lassen wir jetzt mal meine Frau beiseite, schauen Sie lieber, was mit mir los ist.«

Momo, in roter Jacke, kam mit dem Rasiermesser zurück. Geschickt verbarg ich meinen Schwanz zwischen den Beinen und sah ganz und gar wie eine Frau aus.

»Ich hab's gewusst!«, sagte sie und betrachtete meinen Bauchnabel.

»Ich hätte mir die Zähne ausschlagen oder die Eier verletzen können«, sagte ich, meinen Bauchnabel untersuchend. »Aber wie konnte es passieren, dass ich mir im Gully den Bauchnabel aufgerissen habe?«

»Schlimmer als das«, bemerkte Momo und betrachtete mich aus nächster Nähe.

»Unsere Schweden warten ungeduldig«, sagte Sergej, weiterhin kniend.

Ich wusste, dass »Pupók« – »der Bauchnabel« – *kein kräftiges Wort der russischen Sprache ist*. Darum betrübte mich sein direkter Gebrauch. Ein roter weiblicher Tropfen aus der eigenen Mutter begann sich langsam durch den zentralen Kanal aufwärts zu bewegen.

»Wo sind wir stehen geblieben?«, fragte Momo streng wie eine Lehrerin. »Schauen Sie auf Ihre Nasenspitze. Wenn Sie sie nicht sehen können, dann bedeutet dies, dass nach Ablauf von fünf Monaten Ihr Tod eintritt.«

»Was gibt es noch für Indikatoren?«, fragte ich ärgerlich.

»Wenn die Nasenspitze seitwärts verschoben ist, dann tritt der Tod nach sieben Tagen ein.«

»Haben Sie vielleicht auch Rituale für ein langes Leben auf Lager?«, fragte ich besorgt. »Na los, her mit dem Rasiermesser!«

Momo reichte mir das gefährliche Instrument. Mein Bauchnabel war angeschwollen, aufgebläht und sah auf einmal aus wie ein herausgequetschtes Auge. Schwedisches Klopfen ertönte. Wir stiegen in den Bus ein. Lhasa ist eine vorbildliche sozialistische Stadt mit einer großen Anzahl von Bezirks- und Stadtkomitees, über denen rote Fahnen mit den typischen chinesischen Sternen flattern. Über der Stadt thront ein rot-weißer Palast von so irrsinnigen Ausmaßen, dass der Moskauer Kreml im Vergleich dazu wie ein Hühnerstall wirkt. Wir kletterten den Berg hinauf.

»Heb das Hemd hoch, zeig her«, sagte Momo, mir schamlos in die Augen blickend. »Du kannst hier pinkeln, später gibt es keine Gelegenheit mehr.«

»Bist du nun Fremdenführerin oder nicht?«, wunderte ich mich. »Erzähl was über den Palast.«

»Mist, verdammter, irgendwie gefällt mir das alles ganz und gar nicht«, sagte Momo, meinen Bauch befühlend. »Blausucht. Tut das weh?«

»Fuck you!«, schrie ich auf.

»Im nächsten Leben wirst du ein hungriger Geist sein«, sagte sie. »Wenn du nicht lernst zu dulden.«

Mein ganzer Bauch war von der Flamme des Todes erfasst.

»Schweden! Schweden!«, schrie Momo. »Wo wollt ihr denn hin?«

Die weißblonden Homosexuellen blieben befremdet stehen.

»Warten Sie hier auf uns«, sagte Momo zu ihrer Gruppe außer zu mir. Entschlossen ergriff sie meine Hand. »Rikscha! Rikscha! Hast du zehn Yuan?«

Ich kramte zehn mit Scheiße beschmierte Yuan aus der Tasche. Ein fünfzehnjähriger Junge karrte uns durch die Straßen von Lhasa. Angesichts seiner Kraftanstrengung bekam ich selbst Herzklopfen, das ich kaum besänftigen konnte.

»Ist das nicht der beste Beweis dafür, dass ich in den Gully gefallen bin?«, fragte ich Momo giftig, wobei ich ihr den stinkenden Geldschein unter die Nase hielt.

»Wir machen jetzt zwei Sachen«, sagte Momo, ohne dem Geldschein Beachtung zu schenken. »Eine für den Fall deines Todes, die andere für alle Fälle.«

»Ich weiß, wo du Russisch gelernt hast.« Ich erinnerte mich dunkel. »In der Military School von Monterey in Kalifornien. Eine gute Schule. Sagt dir der Name Banina etwas?«

Momo lief puterrot an.

»Ich bin dir letztes Jahr in Berkeley begegnet. Du warst sechs Jahre alt. Die Banina hat dich in Indien adoptiert. Ich war bei ihnen zu Hause zum Abendessen. Du bist nach draußen gelaufen, in eine weiße Decke gehüllt. Du hast sie abgeworfen und hast dagestanden in einem kurzen Seidenhemdchen. Deine kindliche Fotze war auf ihre Art ausdrucksvoll. Die Banina sagte: ›Momo, du hättest dir wenigstens ein Höschen anziehen können vor dem Onkel!‹ Und ich sagte: ›Schon gut. Sie wird noch ihr ganzes Leben lang Höschen tragen. Bloß kein Stress.‹«

Momo ließ die Rikscha auf dem Marktplatz halten. Wolken von Straßenhändlern und Bettlern stürzten sich auf uns.

»Hast du gesagt, ich war letztes Jahr in Kalifornien sechs Jahre alt?«, fragte Momo.

»Die Zeit vergeht«, sagte ich. »Warst du das etwa nicht, die ihrem amerikanischen Stiefvater die Socken ausgezogen und sich als Busen unters Hemd gestopft hat? Weißt du noch, was dein Stiefvater gesagt hat? Nicht doch, Momo, meine Socken riechen. Und was hast du dann gemacht? Du hast dir eine Socke in den Mund gestopft. Und dann die andere. Und du bist nicht daran erstickt.«

Ich sprang auf den Boden. Der Schmerz in meinem Bauchnabel ging mir durch und durch. Das war das Ende: Mein Bauch war knallhart bis zum Gehtnichtmehr. Wir schoben uns durch die Menge, gegen einen Strom langohriger Hochgebirgsmenschen mit ihrem schweren Yakbuttergeruch. Sich gegenseitig an den Kleidern zerrend, einander um die Bäuche fassend, marschierten die Tibeter glöckchenklingelnd in den Tempel. Kleine Mönche bliesen in lange Trompeten, die vor ihnen auf dem Boden lagen. Der Trompetenklang war heiser und durchdringend. Wir kämpften gegen den Strom an. Vom Gestank der Viehzüchter blieb mir die Luft weg. Momo drückte mir die Finger auf die Augen und schleppte mich die Stufen des Tausendzimmerungeheuers hinauf, das wie irre über der Hauptstadt der kalten Winde, flachen Bastmatten und kleinen Kopfkissen kreiselte.

Ein glatzköpfiger kirschroter Mann mit gelbem Schal umarmte mich und warf mich auf den Boden vor die mit einem Blaustift gezeichneten Züge eines lächelnden Gesichts. »Du ganz allein«, flüsterte Momo, meine Turnschuhe aufschnürend. »Du ganz allein«, murmelte sie schwitzend. Lange Speichelfäden hingen unter ihrem Mund. Sie knöpften mein Hemd auf.

»Da ist ein Parasit«, sagte der Glatzkopf auf Tibetisch.

»*Ot ayu sbosara bakara rosbauro bum phat*«, sagte Momo. »Wiederhol das hundertmal.«

»Leicht gesagt«, erwiderte ich. Der Glatzkopf fuhr mir schnell in die Hosentaschen, tastete meine Hüften ab und berührte meinen Hodensack.

»Da ist ein Parasit«, sagte der Glatzkopf noch einmal auf Tibetisch.

»Na schön«, sagte Momo.

Schamlos raffte sie den Rock hoch und ging über meinem Gesicht in die Hocke. Ihr satter Hundegestank war heftiger als eine Herde zugeschissener Yaks.

»Erinnerst du dich«, sagte ich, unmittelbar an die tibetische Weiblichkeit gewandt, »wie der vierzehnte Dalai-Lama in New

York zu den anwesenden amerikanischen Journalisten sagte, dass er sich in der Emigration am meisten nach diesen Tieren sehnt?«

Die Falte. Die rasierte fleischige Falte meiner Fremdenführerin. Dem himmlischen Schatten meines Körpers fehlte deutlich die rechte Hand, was nicht für mich sprach. Momo reichte dem Glatzkopf die Teekanne.

»Welche Farbe hat sein Sperma?«, fragte der Mönch recht lebhaft interessiert.

Momo spuckte das Sperma auf den Boden und betrachtete nun aufmerksam das Ausgespuckte. Schwarzes Sperma rann mir in den Kragen.

»Der Bauchnabel ist aufgegangen«, kicherte ich.

»Idiot!«, lachte Momo spöttisch.

»Los!«, brüllte der Mönch auf Tibetisch und legte sich auf mich, damit ich nicht türmte.

Momo hob ihren rotbraunen Hintern und schlug die Zähne in meinen Bauchnabel, der aussah wie ein trübes aufgeblähtes Präservativ. Der rote Parasit verschwand auf seinen winzigen Beinchen tief in ihrer Kehle. Sie griff sich in die Haare, spannte das Gesicht an, und der rote Parasit tauchte in ihrem rechten Ohr auf.

»Nicht zerquetschen, nicht zerquetschen!«, schrie der Mönch warnend.

»Ich weiß«, lächelte Momo das schwache Lächeln einer Kreißenden.

Der rote Parasit machte sich ohne Eile an den Abstieg über Momos Haare und ihren Arm und verließ sie schließlich ganz, wonach er unter das kleine Kopfkissen kroch.

Ich saß da mit einem weißen festlichen Schal auf der Brust. Ringsum, im Garten unter den Bäumen hockend, gaben Mönche der Kunst des Disputierens den letzten Schliff.

»Schweden!«, rief Momo unseren Schwulen zu. »Kommt essen!«

Der reumütige Geschäftsmann tanzte in der Nähe seinen schlichten Tanz.

»Nach dem Tod kommst du nicht in die Hölle«, sagte Momo fest. »Für dich gibt es keine Hölle.«

»Woher weißt du das?«, fragte ich zweifelnd.

»Sofern du dich auch in Zukunft gut benimmst«, lachte Momo und drohte mir mit dem Finger.

Der tibetische Herbst wurde in der warmen Sonne noch schöner. Nichts kündete von einem neuen Unglück. Am Flughafen, 96 Kilometer von Lhasa entfernt, kam sie nicht einmal zu mir, um sich zu verabschieden.

Die Macht des Richtplatzes

Die Luft in meiner Stadt hat die Farbe transparenter Milch. Das sind deine Bächlein, die da plätschern. Du machst eine Ausstellung mit dem Titel »Weibliches Wasserlassen«. Unter der Losung: Mehr Klos in Moskau für die Weiber. Das bist du, die da in Großaufnahme auf den harntreibenden Fotos posiert. Deine untere Hälfte. Katja, mein Herz! Ich suche dich überall. Ich zwängte dieses ganze nicht mehr frische menschliche Hackfleisch ins Auto. Und wozu? Um dich zu finden.

Wo bist du hin mit gebrochener Nase? Wo bist du abgeblieben? In schwarzen Strümpfen.

Der Patriarch von ganz Russland segnet dein Vorhaben, die Kathedrale in Jelochowo auszumalen. Die Moskauer Architektur, die Moskauer Kunst, die Moskauer Sitten haben ein hohes Niveau erreicht. Meine Stadt ist schöner geworden. Der Asphalt legt sich unter deinen Füßen in Falten. Andrej Rubljow im fein getupften Rock lief davon. Den Mut, die genaue Adresse anzugeben, brachtest du nicht auf.

Die Moskauer Bevölkerung beteiligt sich aktiv an allen Ereignissen. Unter den Mönchen warst du nicht zu sehen. Ich weiß, dass du dich letzten Endes unter deinen schwarzen Strümpfen als Mann herausstellst. Du versprichst, mir deine Ikonen zu schenken.

Du versprichst, mir deine zwei mal zwei Meter großen Bilder

zu schenken, auf denen viele Katzen, Meerjungfrauen mit behaarter Brust und Bassgitarristen zu sehen sind, damit ich meine Wohnung mit ihnen voll hänge. Auf der Soljanka deine neue Ausstellung: hingehockt und in einen Eimer gepinkelt. Mit einer Klobürste bewaffnet, besprengst du die ganze versammelte Bagage mit Urin. Du pinkelst durch deinen schwarz-roten Slip in den Eimer, damit es nicht spritzt. Du stehst auf, ziehst den Slip aus und diesen ganzen Trauerflor dem Veranstalter mit seiner schmalen Brille über den Kopf. Ein Blitzlichtgewitter geht los, die Fotografen von der neuen Presse, den Gesellschaftsmagazinen und Boulevardblättern, sind entzückt. Wir kommen an: Wo ist sie? Was, schon weg? Sie ist echt schon weggefahren? Allein? Wohin? Zum Patriarchen? He du, wo ist Katja? Sie ist vor mir in die Metro geflüchtet. Wohin? Ich falte mit großer Geste den Stadtplan von Moskau auseinander.

Die linke Moskwaschleife ähnelt einem erstaunten Penis beim Koitus interruptus, die rechte dem Profil des glatzköpfigen triumphierenden Bürgermeisters mit seiner Kartoffelnase. Alle Straßen sind umbenannt, man kommt nirgends durch. Also nichts wie ab in die Metro! Moskau ist ein riesiges Arsenal und Lebensmittellager. Für die Truppen Napoleons war der Aufenthalt in Moskau tödlich. Warum beschränkt sich die Kampagne für Toiletten ausschließlich auf das Thema Wasserlassen? Die Kanalisation lügt nicht. Der Ukas des Zaren von 1714, dementsprechend außer in St. Petersburg nirgendwo Steinbauten errichtet werden dürfen, hat die Bautätigkeit in Moskau praktisch für immer blockiert.

Die lange Tanja liest in der Metro die »Philosophie im Boudoir«. Sie hat einen neuen Freund: James Joyce.

Ich bin mit Stalin groß geworden. Zu Ehren der 800-Jahr-Feier Moskaus wurde ich in einer Kommunalwohnung auf der Moshaiskoje-Chaussee geboren. Meine Geburt wurde mit verschiedenen Wunderdingen gefeiert. In einer Nacht wuchsen ohne jedes menschliche Zutun sieben schöne Hochhäuser aus der Erde: die Universität auf den Leninbergen, das Hotel »Ukraina«, das Außenministerium am Smolensker Platz und noch ein paar andere. Parteiführung und Regierung hielten es für zweckmäßig, im Lande eine Währungsreform durchzuführen, und schenkten mir bei einem Besuch auf der Moshaiskoje-Chaussee viel neues Geld mit dem eigenen Konterfei drauf. Die Geschichte kennt keine Auszeit, Katja. Ich verlor meine Unschuld mit anderthalb Jahren. Moskau liebt den verlangsamten Flug keuscher Knaben nicht. An der Station »Majakowskaja« warf ich immer wieder Fünfkopekenstücke ein, um in die Metroumlaufbahn einzutreten. Ich weiß, wovon ich spreche. Lena, meine dreijährige Cousine zweiten Grades, beraubte mich beim Spielen unter dem Sofa meiner Unschuld. Wir waren damals gerade in die Gorkistraße unters Sofa umgezogen.

Ich konnte lange nicht sprechen. Ich konnte nicht einmal »Mama« sagen. Durch die Blagoweschtschenski-Gasse, vorbei an dem Kommissionswarengeschäft mit den kleinen Fenstern, marschierten Milizionäre geschlossen in die Banja. Ich schrie zornig: Warum so viele Milizionäre? Breshnews künftiger Referent fand, das sei der Anfang meiner Dissidentenkarriere gewesen.

Kolja, unser Chauffeur, machte unserer Hausangestellten Marussja einen Heiratsantrag. Sie, die Zahnlose, hielt mir die Augen zu. Wir fuhren an einem Verkehrsunfall vorbei. Es stellte sich jedoch heraus, dass er verheiratet war. Wir erschossen ihn wiederholt an der Kremlmauer. Das tut mir nicht Leid. Es entsprach den damaligen Sitten und Gebräuchen einer naiv grausamen Zeit. Marussja brach immer Stückchen vom Brot ab und aß. Lass das sein, sagte Kolja dann zu ihr.

In liebevollen Ehren wurde er dort auch begraben. Moskau

ist das wichtigste Wissenschaftszentrum der UdSSR. Nach der Abschaffung der Leibeigenschaft reduzierte sich ungeachtet des allgemeinen Wachstums der Anteil der Textilindustrie. Die Matrjoschka ist eine japanische Erfindung.

Mein Papa ist General und Lumpensammler. Er hat einen Uniformmantel von mausgrauer Farbe. Die Straßenjungen rennen ihm nach, hänseln ihn und rufen ihn einen Deutschen.

Immer wieder erschien mir die Schule Nr. 122 nicht weit vom Puschkinplatz, in der Palaschewski-Gasse, wo in alten Zeiten die Scharfrichter wohnten und sich ein Friedhof befand. Auf dem Hof meiner Schule gab es jede Menge menschlicher Knochen und Schädel. Mit den Schädeln spielten wir Fußball und mit den Knochen prügelten wir uns. Auf die Frage, wie spät ist es, antwortete meine Großmutter immer: Ich weiß nicht.

Die lange Tanja und ich eilten in die Soljanka. Du hast gesagt, dass die Ausstellung in der Soljanka sein wird. Wir liefen durch die Soljanka und riefen: Katja, Katja! Wer nahm den Hörer ab? Wer krächzte verkatert, du würdest nirgendwohin fahren? Dann tauchtest du auf, verheult: Meine Geliebte ist tot! Mit perlmutternen Händen. Du lachst, hustest. Du sagst: Hallo. So lernte ich dich also kennen. Und deinen Lover, den Bassgitarristen.

Die Halbstarken meiner Kindheit fingen mich immer in der Trjochprudny-Gasse ab und sagten: »Hüpf!« Wenn ich nicht hüpfte, schlugen sie mich. Wenn ich hüpfte und in meinen Taschen Münzen klimperten, nahmen sie mir die Münzen ab. Ich beschloss, mich mit den Halbstarken anzufreunden.

Der Nachbarsjunge und ich gingen spätabends nach Krasnaja Presnja, das war das Banditenviertel. Da war es jedes Mal unheimlich, und irgendwo brannte es immer.

Kosmonauten, sagte Katja zu mir, müssen unbedingt affengeil aussehen. Mein Freund und Mitschüler, der halbstarke Kolja, erstach einen Mann, als er in einen Taubenschlag geklettert war, um weiße Tauben zu klauen. Ich war höchst erstaunt, dass man ihn danach nicht weiter in unsere Banditenschule schickte.

Der halbstarke Kolja kam zu mir nach Hause und wollte Kaugummi haben. Ich gab ihm ein Stück französischen Klebstoff, und er kriegte lange den Mund nicht wieder auf.

In Moskau gibt es so um die vierunddreißig Theater, vier davon für Kinder. Als ich vierzehn war, fummelte während einer *Hamlet*-Aufführung im Majakowski-Theater ein Kinderschänder an mir rum. Ich saß da und stellte mich tot.

Und wer fuhr schon in aller Herrgottsfrühe in Richtung Fabrik? Nach Marjina Roschtscha im gelb-blauen plattschnäuzigen 13-er O-Bus. Wer glaubte an die Arbeiterklasse? Katja, ich war dermaßen weit entfernt von der Arbeiterklasse, dass ich an sie glaubte.

Nicht ohne Grund ist New York auf Russisch ein ER und Moskau-Moskwa eine SIE. Moskau ist bis heute eine horizontale *weibliche* Stadt mit ihrem Kreml, dem Schoß einer immer noch geheimen, rätselhaften Macht, umgeben vom Boulevardring. Konzentrisch, *rund* wie ein Gebäckkringel, liegt sie ausgebreitet auf dem Bett der russischen Ebene, in schläfriger Erschöpfung liegt sie da mit ihren Zwiebelkuppelbrüsten und popelt in der Nase. Hier dominieren weibliche Hysterie, weibliche Schlangen, hier sind mehr Frauen als Männer zu sehen. Eine Stadt voller Weiberenergie, Weibergezänk in Kommunalwohnungen, Ohs und Achs, Panik – alles ist weiblich, auch der Moskauer Gang; der ist schlurfend wie bei einem Marktweib.

Die vielseitige kulturelle Aufklärungsarbeit unter den Werktätigen der Hauptstadt wird von 226 Klubs, Kulturhäusern und -palästen geleistet sowie von dreitausend weiteren Etablissements für politisch-kulturelle Aktivitäten, so genannten »Schönen Ecken«.

Moskau ist das Dritte Rom. Die politische Theorie definiert die welthistorische Bedeutung der Hauptstadt des russischen Staates als das Zentrum von Politik und Kirche. Dargelegt durch den Mönch Filofei aus Pskow in der für das mittelalterliche Denken charakteristischen religiösen Form. Die historische Nachfolgerin der Imperien Rom und Konstantinopel, welche untergingen, da sie vom wahren Glauben abfielen, ist die Moskauer Rus: »Zwei Rome sind gefallen, das dritte steht, und ein viertes wird nicht sein«, flüsterte mir Katja zu.

Die lange Tanja saust morgens durch die Wohnung auf die Toilette, um zu kotzen, rutscht aus, knallt hin und bricht sich drei Rippen. Erstaunlich sind die Einfälle des Körpers! Nachdem sie sich drei Rippen gebrochen hatte, war vollkommen vergessen, warum sie eigentlich zur Toilette gerannt war, sie dachte nicht mehr daran, ächzte bloß und ärgerte sich.

Du nahmst dir auf der Straße ein Auto, um nach Hause zu fahren. Und als du ins Auto einstiegst, tauchte noch ein Typ auf und sagte: Ich muss auch nach Tjoply Stan. Da unterbrach ich dich und sagte: Habt ihr unterwegs miteinander geredet? Und was sagtest du zu mir? Nein. Da sagte ich: Du hättest mit ihm sprechen müssen. Und dann, auf dem Autobahnring, packte er dich bei den Haaren und steckte dir seinen ekelhaften Schwanz rein und schrie: Na los! Blasen! Und dann warfen sie dich aus dem Wagen und steckten dir im Jahre 1989 Dreck und Lehm vorne und hinten rein, und du wuschst das alles später mit Hilfe deiner Freunde mit Champagner wieder ab, denn Champagner desinfiziert gut, und dann fuhren sie mit ihrem Wolga über dich drüber und davon, sie dachten, du wärst abgekratzt. Und dann, nach der Vergewaltigung, deine Nase war gebrochen, begegneten dir zu allem Überfluss im Lift auch noch Kinder, und sie johlten auch: Blas uns einen! Und du brachst in Gelächter aus und sagtest: Lernt erst mal Wodka trinken, dann könnt ihr Weiber anmachen! Und sie beschimpften dich unflätig.

Mein Herz, ihr wart beide sehr komisch. Aber besonders komisch war dein Lover, der sich zu mir in die Küche hockte und mir seine Gedichte über Waldgeister vorlas, und die lange Tanja sagte zu ihm: Du hast dein eigenes Todesurteil unterschrieben, weil du gesagt hast, dass du Katja nicht erlaubst, mit Idioten zu bumsen, aber er ist kein Idiot. Da stand ich auf und ging, damit sie das unter sich ausmachten, und alle gingen: der rothaarige Jude, der die ganze Flasche Gin ausgesoffen hatte, und seine Freundin, die keine Lesbe sein wollte, obwohl die lange Tanja sie immer zu überreden versuchte, denn ihr beide, Tanja und du, seid militante Lesben, und ihr versucht immer alle zu überreden, herumzuknutschen und zu bumsen und sich küssend auf dem Boden zu wälzen.

Ich war überzeugt, dass Moskau ein feuchtes finnisches Wort ist.

Ende August 1974, an Christi Verklärung, fingen in Moskau die Frauen auf der Straße zu rauchen an. Früher hatten sie nicht geraucht, und auf einmal fingen sie an zu rauchen.

Was sagte zum Schluss noch der rothaarige Jude, ich lauerte die ganze Zeit darauf, dass er irgendwas Vernünftiges sagen würde, irgendwas verbal Unpassendes aus dem vorigen oder dem nächsten Jahrtausend, aber er sagte bloß, dass jede Definition eingrenze, und dies sei letzten Endes gegen die Grundidee des Johannes-Evangeliums, und er bat dich, ihn zu küssen, aber du lehntest kategorisch ab, mein Herzblatt.

Was ist ein Zigeunerkuss? Also, bereits am Telefon sagtest du zu mir, ich würde dein jetziger »Freund« werden, ohne mich gesehen zu haben, du kanntest nur meine Stimme, meine, wie schrieb doch gleich die britische Presse?, meine, schrieb sie, hypnotische »beautiful voice«. Aber es hatte nicht sollen sein, fatalerweise. Erstens, als all diese Typen endlich verschwunden waren, sagtest du zu mir, zieh mich aus, und ich zog dir dein fein getupftes Kleid über den Kopf, und was sagte ich zu dir? Ich sagte spöttisch, du seiest dreißig Jahre zu spät dran, denn vor dreißig Jahren, 1968 auf den Barrikaden von Paris, hätten mir die Französinnen schon erzählt, dass sie gern unrasierte Ärsche lecken, und du warst hoffnungslos spät dran mit deinem neuen Moskauer Spleen für Hämorrhoiden.

Was ist ein Zigeunerkuss? Du wolltest gerade los, um zu mir zu fahren, aus deiner Wohnung, die wegen Renovierung gerade eine Baustelle war, zusammen mit deinem Lover, als das Telefon klingelte und du erfuhrst, dass sie tot war. Du kommst bei mir an, trockenen Auges, keine Träne, aber nach und nach sammeln sich in dir die Gedanken an ihre perlmutternen Hände und die Behaarung im Dreieck zwischen Brüsten und Bauchnabel, und du lässt deinen Gefühlen freien Lauf und erzählst mir immer und immer wieder, dass ihr Mann sie so verdroschen habe, so verdroschen, dass sie dicke schwarze Strümpfe tragen musste. Und schließlich eine gewisse Enttäuschung: Als ich dir das fein getupfte Kleid über den Kopf ziehe, entdecke ich, dass deine Brüste etwas müde sind, sie hängen so müde, so unfroh herab, mit müden Abdrücken des schwarzen Büstenhalters, ganz anders als bei der langen Tanja, bei der sie kein bisschen herabhingen. Und da sage ich im Grunde das, was mir in den Sinn kommt: Ist die Ermordete dir ähnlich? Doch, im Geiste! Aber was für einen Unterschied gibt es eigentlich zwischen euch? Du bist eine aktive Lesbe, und sie war es auch, also hatte dieser geldschwere Ganove Recht, dieser Killer oder was er ist, dieser Camel-Trophy-Typ, Recht hatte er, sie umzubringen.

Ganz Moskau liebt Charms. Du hast schon das ganze Glas Pflaumenmarmelade verputzt. Nur ein Restchen ist noch übrig.

Nicht mehr als zwei Löffel. Kratz es aus. Lass das! Stopf dir nicht auch noch die Fleischklopse rein!

Reden wir über Kathmandu. Schließlich schwebt diese nicht umsonst mit Moskau durch die Metro verbundene Stadt im Himalaya wie ein Loch im Kosmos. Nicht umsonst war ich in Lumbin, der Heimat Buddhas. Der christliche Schuldkomplex hat mich verlassen.

Die Auflösung rückt näher und näher. Moskau ist ein bedeutendes Verlagszentrum, der Stolz der sowjetischen Druckerkunst. Das Gesundheitswesen im vorrevolutionären Moskau befriedigte nicht einmal die elementarsten Bedürfnisse der Bevölkerung. Der Kampf gegen Tuberkulose, Haut- und Geschlechtskrankheiten wird über ein weites Netz von Vorsorgestellen und Praxen geführt. Du und ich, wir schleppen keine Präservative mehr mit uns herum.

Achtunddreißig Grad im Schatten – die Moskauer Temperatur im Juli und August hat niemals diese Marke überschritten. Gemäßigt kontinental.

Ich weiß, dass in meiner Heimatstadt bis Ende des 15. Jahrhunderts nur Kurpfuscher und Hebammen medizinische Hilfe leisteten. Sie verabreichten volkstümliche Arzneien – Kräuter, Wurzeln, Beeren, speziell verarbeitete Innereien von Tieren. Wir stehen über der langen Tanja und schauen zu, wie sie sich windet vor Schmerzen. Die Grundprinzipien der sowjetischen Medizin sind meines Wissens Prophylaxe, kostenlose Behandlung, allgemeine Zugänglichkeit, aktive Beteiligung der Werktätigen an der Gesundheitsvorsorge.

»Kinder standen im sowjetischen Moskau immer hoch im Kurs: Sie wurden schon als Säuglinge an Bettler vermietet, geradezu höchstbietend versteigert. Auf die Weise kam ein schmutziges sowjetisches Weib, oft von den Spuren einer schrecklichen Krankheit gezeichnet, zu einem unglücklichen Kind, steckte ihm einen sowjetischen Schnuller in Form eines dreckigen Lappens mit durchgekautem Brot in den Mund und schleppte es auf die kalte sowjetische Straße hinaus. Das Kind lag den ganzen Tag nass und schmutzig in ihrem Arm, vergiftete sich an dem Schnuller, schrie vor Kälte und permanenten Magenschmerzen, wodurch es die Anteilnahme der sowjetischen Passanten hervorrief. Es gab Fälle, in denen das sowjetische Kind morgens in den Armen der Bettlerin starb und diese, da sie keinen Tag verlieren wollte, bis in die Nacht mit ihm nach Almosen herumlief ...« (Aus einem internen Vortrag Michail Gorbatschows zum Aprilplenum des ZK der KPdSU.)

Manchmal liebe ich es, wie Puschkin oder Tschaadajew, irgendetwas, ganz gleich, was, auf Französisch zu schreiben: *Moscou n'existe pas ... Paris, formidablement réelle, existe sans considération du temps qu'il fait, de votre humeur ou de vos finances, de vos liens personnels avec les Parisiens. Paris existe sans vous. Moscou, au contraire, a grand besoin de vous pour acquérir quelque réalité. Son seul architecte, c'est vous, même si vous n'êtes pas un professionnel! Moi non.*

Warum sollten wir beide nicht über eine Liebe fürs Leben nachdenken? Warum seid ihr beide solche Stehaufmännchen? Warum beginnt die lange Tanja, wenn du dich auszieht, sich anzuziehen, und warum greifst du, wenn ich sie mir schnappe und sie sich auszieht, zu deinem fein getupften Kleid? Ist es möglich, dass wir die elementarste Formel für Eifersucht ermittelt haben?

Du beißt eher, als dass du fickst. Ich muss dich an den Haaren festhalten, damit du mir nicht bis auf die Knochen beißt. Alles endet wie immer mit weiblicher Hysterie. Nach primitiver Akrobatik im Stil meiner sowjetischen Kindheit heulst du wie ein Schlosshund. Deine Freundin mit ihren perlmutternen Händen ist gen Himmel gefahren. Die lange Tanja hat ihre ganze französische Kosmetik verschmiert. Sie wollte so gern in einem langen lila Kleid zu mir kommen! Du kauerst am Bett und flennst. Mir bleibt nichts übrig, als dir ins heulende Gesicht zu wichsen. Sieh mich an, du Hund! Fass! Fass! Sie fasst nach allem, was ihr in die Quere kommt, und sie hat sich's geschnappt.

Ich verstehe, dass ich verlernt habe zu denken. Ich verstehe, dass die platten Spiele meiner Heimat mich bestohlen, mit ihren Lappalien erschöpft haben. Moskau nimmt die Konturen einer Stadt an. Es wird Zeit, dass es erneut bis auf den Grund abbröckelt, bis in die Keller aus dem Leim geht. Nur das bringt mir die Fähigkeit zu begreifen zurück. Russisches Glück – ein gefährliches Oxymoron.

Ich hasse den Moskauer Alltag. Er zieht mich runter. Ich hasse die liberalen Gedenktafeln, die Moskau wie Ausschlag bedecken. Ich hasse es, dass niemand mehr Schlange steht. Ich zerschneide die Stadt Moskau in mehrere Stücke. Es dampft der proletarische Osten wie eine Kohlpirogge. Es knirschen die leeren Flaschen zwischen den Zähnen im Stadtteil Tekstilschtschiki. Von klein auf der Geschichte beraubt, bin ich unfreiwilligerweise ihr unmittelbarer Zeuge und verstehe, dass sie für mich allzu belanglos und uninteressant ist. Im Korridor ist das Stöhnen der langen Tanja zu hören. In Moskau darfst du nicht krank sein und elend sterben. Eine nackte leidende Frau ist schrecklicher und widerlicher als ein auf den Rücken gefallener Käfer. Sie ruft weder Verlangen noch Mitleid hervor. Man möchte sie mit dem Besen aus der Wohnung kehren. Ich tue so, als wollte ich den Notarzt rufen. In Wirklichkeit stehe ich in der Morgendämmerung, rauche und warte, was weiter passiert. Nach der Marmelade machtest du dich über die Fleischklopse und Krevetten her. Mein Herzblatt hat meinen Kühlschrank entkulakisiert.

Die städtische Kanalisation wurde im Laufe von 24 Jahren

installiert und entsorgt bis heute nur die zentralen Bezirke. 95 Prozent der Moskauer Bevölkerung benutzen kein Toilettenpapier, sondern bevorzugen Zeitungen und alte Briefe. Ich warte auf die erneute Machtübernahme durch die Bolschewiki als Auszeichnung für mein Andersdenken, als Unterscheidungsmerkmal des undurchsichtigen Wilden, der rettenden Andersartigkeit, als Lohn für eine falsche Identität, als exotisches Mittel zur Verlängerung der russischen Materie. Ich dachte, die Moskauer Mafia übernimmt alle Funktionen der Undurchlässigkeit. Dachte ich! Aber sie ist bereits der Korrosion einer allumfassenden Einförmigkeit anheim gefallen, sie hat bereits verfügt, ihre Kinder in angesehene Schulen zu schicken, und schon verfassen die Kinder in Harvard Denunziationen ihrer Väter, diese verdrehten Pawlik Morosows.

Ich hatte versprochen, etwas ausführlicher von deiner kindlichen Fotze zu erzählen, die hell war und nicht von diesen schamlosen Dingen umgeben, ich hatte es versprochen, aber ich fürchte, mit dieser Aufgabe nicht fertig zu werden. Moskau kann man leicht beleidigen, indem man seine Sinnlosigkeit, das Fehlen jeder Logik und kultureller Orientierungspunkte in Frage stellt.

Der Rote Platz. *Sur son ventre incliné, qui me rappelle la rotondité de la Terre, vous découvrirez un curieux nombril*, den Richtplatz, *grand comme une piscine gonflable*. Den Westen brauchen wir gerade so viel, dass er in uns selbst nicht existiert.

Kugelblitz

Die Ankunft des weltberühmten Künstlers Natalja Alexejewna Obolenskaja in Moskau – das Wort Künstlerin will einem für sie nicht über die Lippen kommen – war ein Event. Besser gesagt, es hatte die Auswirkung einer explodierenden Atombombe. Seit Sinaida Serebrjakowa, die die Obolenskaja mit einem nachsichtigen Lächeln als ihre »kleine Lehrerin« bezeichnet (offensichtlich aus dem Französischen entlehnt), hat es in der russischen Malerei nichts Vergleichbares gegeben. Großen Respekt empfindet Natalja Alexejewna auch vor der Muchina, und ein Foto, auf dem sie vor deren »Arbeiter und Kolchosbäuerin« zu sehen ist, war in allen Moskauer Journalen erschienen. Sie erklärte offen, dass sie genug habe von avantgardistischen Amazonen, ebenso wie von der Poesie der »flüchtigen Geliebten« Modiglianis: Anna Achmatowa.

Wir saßen im »Puschkin«, aßen Sterlet in Champagner.

»Der Sterlet ist das einzige unverwechselbar russische Produkt«, sagte Natalja Alexejewna, während sie den Fisch eingehend betrachtete. »Kaviar gibt es auch im Iran. Und sogar besseren.«

»Der Sterlet hat ein sehr kluges und listiges Gesicht«, sagte ich. »Das sind nicht gerade russische Eigenschaften.«

Natalja Alexejewna betrachtete mich interessiert. Sie war mit italienischem Schick gekleidet, dabei jedoch auch irgendwie englisch. Wenn sie die Kellner ansah, begannen in deren Händen die Tabletts zu vibrieren.

»In Petersburg habe ich irgendwelche Verwandten, aber das sind sehr wahrscheinlich arme Leute, und ich mag keine Armut. Überhaupt mag ich Menschen nicht besonders.«

Sie sah mich forschend an.

»Ich habe mal ein Poem geschrieben, das hieß ›Meine Frau, der Sterlet‹«, sagte ich.

»Dafür mag ich geistig Behinderte, Debile und psychisch Kranke. Ich habe Geld für ein Heim mitgebracht. Da schlafen sie in vollgepissten Bettlaken. Empörend. Außerdem mag ich Jungfrauen.«

»Warum wurde Ihre Fotoausstellung im letzten Moment vom Kulturministerium verboten?«

»Ich habe einen Katalog dabei.«

Natalja Alexejewna sprach mit einem unnachahmlichen altmodischen Akzent. Die Kellner sahen sie an wie eine Adlige, die auf ihr Gut zurückgekehrt ist.

»Ich bin schwedische Staatsbürgerin«, sagte sie. »Das hat sich so ergeben.«

»Vielleicht ist das Poem über den Sterlet das Beste, was ich je in meinem Leben geschrieben habe.«

»Daran zweifle ich nicht«, sagte Natalja Alexejewna. »Geben Sie mir meine Tasche rüber, mein Freund.«

Der Kellner nahm die Tasche von einer speziellen Ablage und reichte sie der Obolenskaja.

»Chagall und Kandinsky habe ich nie gemocht«, sagte sie. »Aber Picasso kann man schwerlich ablehnen. Ich habe ihn als kleines Mädchen gesehen. Er hatte ein gestreiftes Matrosenhemd an.«

»Und Malewitsch?«

»Malewitsch? Er war Pole. Ganz nett, immerhin. Aber nicht klug.«

»Moskau wird Ihre Ausstellung also nicht zu sehen bekommen?«, fragte ich.

»Ich wohne nicht weit von hier, in einem guten Hotel«, sagte Natalja Alexejewna. »Ich habe den Katalog wohl dort liegen lassen. Bei Ihnen in Moskau herrscht ein billiger Luxus. Auf dem Roten Platz bin ich unwillkürlich in Tränen ausgebrochen. Nein, warten Sie, ich habe ihn am Haken in der Garderobe hängen lassen.«

Der Kellner rannte eilfertig die Treppe hinunter.

»Die Moslems haben Recht. Gott ist groß.« Natalja Alexejewna bewegte die Finger. »Ich bin von der Malerei enttäuscht. Ab sofort nur noch Fotografie. Sterlet. Fischeier. So heißt Kaviar auf Französisch, obwohl es das Wort ›Sterlet‹ in keiner Sprache gibt.«

Der Kellner kam mit einer großen Plastiktüte zurück.

»Man hat mir gesagt, Sie seien hier der Freidenker.« Bei ihr klang das wie »Freimaurer«.

Ich deutete eine Verbeugung an.

»Warum ist Gott groß? Er ist ein großer Erfinder.« Sie zog den Katalog aus der Plastiktüte. »Man sollte meinen, ein Hymen sieht immer gleich aus. Aber ich habe eine überraschende Entdeckung gemacht: Hymen sind wunderbar vielgestaltig. Eine kleine Spielerei des Allmächtigen. Ich wollte eine Ausstellung zum Ruhme Gottes machen.«

Ein Riesenschinken. Strenger schwarzer Umschlag. Im Unterschied zu den russischen Aristokratinnen, die mir im Ausland begegnet sind, trug Natalja Alexejewna an jeder Hand nur einen Ring. Ich schlug den Katalog mit seinen Farbabbildungen auf und blickte mich unwillkürlich um. Die Kellner standen verdächtig nahe an unserem Tisch. Natalja Alexejewna präsentierte den russischen Kunstkennern eine ziemlich ungewöhnliche Ausstellung.

»Jede Fotografie entkleidet. Das ist der Sinn dieser Art von Kunst. Ich habe diesen Weg lediglich bis zu Ende verfolgt. Ich habe lange in Deutschland gelebt und die deutsche Vorliebe für physiologische Prozesse so sehr schätzen gelernt, dass ich angefangen habe, mich für die menschliche Anatomie zu interessieren. Diese Fotografien sind die Frucht meiner Beschäftigung damit. Ich kann Ihnen gern einen Vortrag halten, aber das Lokal hier ist wohl eher ungeeignet. Aber ich möchte Ihnen zumindest sagen, dass sich das Hymen aus einem Mesenchym über dem Müllerschen Epithel entwickelt. Ich habe mit einer Leica gearbeitet. Eine andere Kamera kam für mich nicht in Frage, bis ich Feuer gefangen habe für diese vollautomatischen Dinger, die man bei Ihnen komischerweise ›Seifendose‹ nennt.«

Ich schlug erneut den Katalog auf.

»Das sind die Finger meines Mannes«, kommentierte Natalja Alexejewna. »Er ist Amerikaner und Architekt. Die Natur hat mich gelehrt, dass Architekten die besten Ehemänner sind. Jedenfalls bauen sie gern. Sie sind wie Kinder. Andrew kommt aus Los Angeles. Mögen Sie diese Stadt?«

»Ich habe dort unterrichtet.«

»An der UCLA?«

»Nein, gewohnt habe ich in der Nähe der UCLA, unterrichtet habe ich an der USC.«

»Da mussten Sie aber weit fahren«, sagte sie.

»Mit dem Bus.«

»Sie Ärmster.«

Mir fiel ein, dass sie keine armen Leute mochte, und ich wurde rot. Sie nahm mir den Katalog aus der Hand, blätterte die ersten Seiten durch.

»Am häufigsten ist das ringförmige Hymen, das ›Hymen

anularis«. Eine proletarische Angelegenheit. Ein Häutchen mit einer Öffnung in der Mitte. Für arme Leute. Schwarze. Unterschicht.«

Es waren alles Großaufnahmen. Die Finger des amerikanischen Architekten zogen mit aller Kraft die jungfräulichen Fotzen auseinander, so dass die Klitoris auf einigen Fotos verzerrt und merkwürdig horizontal aussah. Aber nicht die Klitoris interessierte Natalja Alexejewna. Sie setzte ihre halbrunde Lesebrille auf und zeigte mir das am meisten verbreitete Jungfernhäutchen.

»Ihretwegen«, sagte sie, »haben Marx und Lenin sich abgemüht. Obwohl es auch hier einen Unterschied gibt. Das Jungfernhäutchen einer Arbeiterin ist rund. Das einer Bäuerin oval. Das ist ein Gesetz.«

»Also kann man am Jungfernhäutchen erkennen …«, begann ich.

»Alles«, sagte Natalja Alexejewna. »Hier gibt es eine Verbindung zwischen Marx und Freud. Wie das Jungfernhäutchen, so auch die Klassenzugehörigkeit. Nicht weniger häufig kommt das Jungfernhäutchen in Halbmondform vor, das, mit anderen Worten, aussieht wie ein Mond, was schon etwas romantischer ist. Ihm ist der zweite Teil der Ausstellung gewidmet. Ich habe viele Mädchen aus verschiedenen Ländern fotografiert. Diese Variante unterscheidet sich von der ringförmigen dadurch, dass es vorn, schauen Sie mal, im Bereich des Epithels, unterbrochen ist. Fragen Sie mich nicht, warum. Gott ist ein Ästhet. Die Öffnung ist exzentrisch. So sieht das Jungfernhäutchen von zukünftigen Verkäuferinnen aus. Und hier, sehen Sie weiter, dies eher fleischige Jungfernhäutchen hat eine Hufeisenform. Künftige Lehrerinnen.«

»Woher wissen Sie das?«

»Ich fotografiere nicht das erste Jahr Fotzen. Da machen

Sie sich mal keine Gedanken. Warum essen Sie Ihren Sterlet nicht?«

»Ich würde wohl noch einen Wodka trinken.«

»Ich auch. Aber ich kann nicht. Ich trinke gerade nicht. Einmal im Monat trinke ich keinen Alkohol. Wissen Sie, bei Aristokraten ist alles so strukturiert. Und hier sehen Sie ein blütenblätterartiges Häutchen. Sehen Sie nur. Eine echte Blume. Und Sie liegen bestimmt nicht falsch – das sind Jungfernhäutchen von schöpferischen Persönlichkeiten. Sängerinnen, Schauspielerinnen, Tänzerinnen. Wäre Tschechow eine Frau gewesen, er hätte auch so ein Häutchen gehabt. Ich selbst hatte sicherlich ebenfalls ein blütenblätterartiges Jungfernhäutchen. Aber wie soll ich das jetzt noch überprüfen? Und diese hier sehen aus wie geflickt, sie kommen häufig vor. Diebinnen, Kleinkriminelle. Vor allem aber sind das Lügnerinnen. Sie öffnen die Muschi eines kleinen Mädchens und wissen sofort, dass sie ihr ganzes Leben lügen, zuerst die Eltern und dann den Ehemann hintergehen wird. Solche Frauen haben fatal viele Liebhaber nebenher.«

»Flittchen also«, bemerkte ich.

»Und hier ein gezacktes Häutchen – das Attribut der künftigen Unternehmerin. Sie geht in die Wirtschaft.«

»Natalja Alexejewna, wie haben Sie bloß von dieser großen Vielfalt der Jungfernhäutchen erfahren?«

»Zufällig. Aber danach habe ich verstanden, dass das Gemälde als Genre tot ist. Meine Ausstellung war auch in Kanada verboten. Toronto ist ein sehr konservativer Ort. So. Nun kommt die Abteilung mit kielförmigen Jungfernhäutchen. Das ist meine Lieblingsform. Glauben Sie nur nicht, dass die alle zur See fahren! Weit gefehlt! Sie werden Mediziner, Ärztinnen. Die kielförmigen. Sie sind willensstark! Wie schön das ist. Was für eine hatte Ihre Mutter?«

»Ich habe nicht die geringste Ahnung.«

»Wir wissen nichts über die, die uns am nächsten stehen. Über sich selbst wissen sie ja auch kaum etwas. Aber ich habe einen Traum. Sehen Sie her, diese trichterförmigen – da wird es politisch, das sind Politikerinnen. Und hier beginnen die Raritäten. Bitte sehr: ein walzenförmiges Häutchen. Eine dicke fleischige Walze. Sehen Sie, Henry zieht die Schamlippen mit Mühe auseinander, damit man es besser sehen kann. Bringen Sie uns ein Gläschen Wodka. Was? Was für einen möchten Sie? So eins haben Prophetinnen. Das ist sehr wichtig. Mit einer großen Öffnung. Ganz selten. Und nun noch ein seltenes. Mit Fensterchen. Es hat drei bis vier Öffnungen. Und hier habe ich eins mit zwei Öffnungen fotografiert – kann man so sagen: fotografiert? – irgendwie klingt das nicht russisch. Sieht es nicht aus wie ein Schädel mit Augenhöhlen?«

Natalja Alexejewna begann plötzlich laut, wie ein Kind zu lachen.

»Stimmt«, sagte ich.

»Die mit den Fensterchen sind von Lesben.«

»Wie haben Sie denn die Aufnahmen gemacht?«

»Vorzugsweise ohne Blitz. Draußen. Am besten bei Sonnenuntergang. Manchmal waren es keine Mädchen. Diese hier, sehen Sie, die mit den Haaren. Das war eine Ihrer Politikerinnen, die ich in Paris fotografiert habe. Wie sie heißt? Ihr Name hat auch irgendwas mit Architektur zu tun. Ich erinnere mich nicht mehr. Trichterförmig. Das ist hilfreich für mich, wenn es alte Jungfern sind. Man braucht nicht zu warten, bis sie erwachsen sind. Aber wie ich schon sagte, ich habe einen Traum.«

Ein wenig benommen vom Überangebot an weit offenen, von genialer russischer Künstlerhand fotografierten weiblichen Geschlechtsorganen, saß ich schweigend da.

»In meiner Sammlung habe ich ein einziges gitterartiges Häutchen mit einer großen Anzahl von kleinen Löchlein. Aber dafür fehlt ein anderes: ein Kugelblitzhäutchen. So heißt es. Das ist das Jungfernhäutchen der Genies. Es leuchtet im Dunkeln, es phosphoresziert, nein danke, Garçon, kein Brot mehr. Es brennt. Ich bin nicht lesbisch, aber so ein Jungfernhäutchen würde ich von oben bis unten ablecken. Ganz und gar. Vor Begeisterung. Ich würde es eigenhändig deflorieren. Mit zwei Fingern – einen in die Vagina, den anderen in den Anus. Kugelblitz.«

»Ich möchte Sie nicht verletzen, Natalja Alexejewna. Aber ich habe ein solches Häutchen, Natalja Alexejewna.«

»Sie? Wie denn das?«

»Ich habe einen Kugelblitz.«

»Aber Sie sind doch männlichen Geschlechts!«

»Na und?«

»Wie, na und!«

»Was denn?«

»Ich glaube Ihnen nicht.«

»Das ist Ihr gutes Recht.«

»Und wenn Sie doch die Wahrheit sagen?«

»Denken Sie, was Sie wollen.«

»Ich bezahle das Abendessen. Zeigen Sie es mir.«

»Ich kann auch bezahlen. Ich bin nicht arm.«

»Gehen wir auf die Toilette. Sie müssen es mir zeigen.«

»Auf der Toilette zeige ich Ihnen überhaupt nichts.«

»Und wieso haben Sie eine Männerstimme?«

»Nicht nur meine Stimme, alles an mir ist männlich.«

»Woher dann das Jungfernhäutchen?«

»Das ist das Geheimnis des Kugelblitzes.«

Bei diesen Worten zuckte die Fürstin zusammen.

»Bei der Defloration«, flüsterte sie, »gehen manche Häutchen auseinander wie ein Vorhang. Und sie bluten auch gar nicht.«

»Was wollen Sie damit sagen?«

»Gehen wir zu mir ins Hotel«, flüsterte Natalja Alexejewna

mir leidenschaftlich zu. »Ich bin zwar nicht mehr taufrisch, eher schon eine alte Frau, aber dafür sehe ich noch ganz ordentlich aus! Ich habe eine hohe, weiche Brust«, sagte die Fürstin und lächelte das wollüstige, gierige Lächeln einer Frau mit großem Busen. »Ich bin mit den Romanows verwandt. Ich trage schöne japanische Unterwäsche. Ich benutze Parfüm. Ich möchte Sie fotografieren.«

»Verwandt mit den Romanows?«

»Ich betrüge niemals. Allerdings sitzen in meinem Vorzimmer Leute. Sie sind mit ihren Mädchen gekommen. Aber Sie werden mir helfen. Ich brauche Ihre Finger.«

»Natalja Alexejewna, für Sie tue ich alles. Trinken wir noch einen Kaffee? Bezahlen Sie den Eltern der Mädchen was?«

»Ich habe gestern schon Aufnahmen gemacht. In der Hauptsache röhrchenförmige, die sind auch recht verbreitet. Bei Slawinnen, Rumäninnen, Türkinnen und auch bei kleinen Flittchen. Ich bin Patriotin, aber was soll man machen? Es tut mir Leid, aber sie sind ausdruckslos. Doch ich liebe Fotzen. Das ist sogar eine noch tiefere Leidenschaft als die Fotografie. Das geht mir seit der Kindheit so. Aber im Vergleich zum Kugelblitz sind Fotzen nur Kleinkram. Welche Farbe hat Ihr Kugelblitz?«

»Lassen Sie mich in Ruhe, Natalja Alexejewna. Sie haben sich das alles nur eingebildet.«

»Ungeachtet Ihres Schwanzes, ungeachtet Ihrer ganzen Eier haben Sie einen Kugelblitz! Ich weiß es! Ich bin eine russische Aristokratin! Ich hab's: Er hat eine blau-grüne Farbe!«

»Nehmen wir mal an. Aber manchmal ist er auch rot oder pampelmusenfarben, und nicht nur rund, sondern auch birnenförmig und sogar quallenartig.«

»*Pas vrai!* Das ist eine äußerst rätselhafte Naturerscheinung. Der Kugelblitz geht durch Wände und Glas, fliegt gegen den Wind, kann durch den Schlag eines Hammers auf einen Nagelkopf entstehen, übt einen mystischen Einfluss auf Hochzeits- und Scheidungsdaten aus. Sie wollen unsere ganze Welt in Erstaunen versetzen und schockieren.«

»Nichts dergleichen«, winkte ich ab.

»Sie lassen keinen zu Forschungszwecken an sich ran. Wer sind Sie? Kind eines Quasiteilchens? Werden Sie von der Energie einer Funkwelle gespeist, wie der Wissenschaftler Kapiza meinte?«

»Einmal bin ich in einer Maschine der Delta Airlines über den Atlantik geflogen. Draußen funkelten bereits die ersten Sterne. Eine knallgelbe Pampelmuse kam aus mir herausgeflogen und schwebte über dem Mittelgang. Markerschütternde Schreie erschallten. Die Kugel begann die Stewardessen, die gerade Getränke ausschenkten, sowie die Passagiere anzugreifen. Im geschlossenen Raum verhält sich der Kugelblitz wie ein Lebewesen mit Kleinkriminellenpsyche und Randalierermentalität. Die Leute warfen sich hin und her. Wie ein Schweißgerät verbrannte der Kugelblitz ihre Körper und zerriss Muskeln bis auf die Knochen. Allgemeine Panik brach aus. Eine Stewardess kam um. Eine andere bekleckerte sich mit Tomatensaft. Als das Flugzeug endgültig außer Kontrolle geriet, schickte ich die Kugel unbemerkt zurück.«

Natalja Alexejewnas Lippen zuckten.

»Aber Sie sind ja gelandet?«

»Schade«, sagte ich mit einem Seufzen, »dass man Ihre Ausstellung verboten hat. Das russische Volk wird sterben, ohne je die Wahrheit über die Formenvielfalt von Jungfernhäutchen erfahren zu haben.«

»Jungfernhäutchen!«, rief Natalja Alexejewna aus. »Meine einzige Tochter Anna ist vergewaltigt und umgebracht worden. In Schweden.«

»Das kommt vor«, sagte ich.

»Ein Feuerball …« Sie fuhr zusammen und berührte meine Hand. »Ein Wesen mit unbegreiflichem Verstand und einer Logik aus einer Parallelwelt.«

»Manchmal liquidiere ich Mädchen, die sich im Taschenspiegel betrachten und ihre Locken kämmen.«

Natalja Alexejewna richtete unwillkürlich ihre Frisur.

»Meine Tochter hatte ein einmaliges gitterartiges Jungfernhäutchen. Hinter Gittern sitze ich im feuchten Kerker … Ich habe Anna seit ihrem Säuglingsalter mit einer Leica fotografiert, Tag für Tag. Das Jungfernhäutchen einer Märtyrerin. Der Gottesmutter. Wenn Sie wollen, ein vergittertes Jungfernhäutchen«, lachte Natalja Alexejewna. »Was für ein wundervolles Wort: Häutchen. Aber mir gefällt auch: Herzenge.«

»Gott ist nicht nur Ästhet«, bemerkte ich nach kurzem Nachdenken.

Natalja Alexejewna saß mit offenem, plötzlich stark gealtertem Mund im »Puschkin«. Ihre sorgfältig gefärbten Haare standen zu Berge. Eine knallgelbe reife Pampelmuse traf direkt ihre Stirn. Die Fürstin verkohlte auf der Stelle.

Mütter und Töchter

Irgendwann in Kalkutta wunderte ich mich über das Fehlen nächtlicher Notarztsirenen. In Moskau wundert man sich über das Fehlen schwangerer Frauen. Hier gibt es alles im Überfluss; die russische Hauptstadt ähnelt einem Vielfraß, der wahllos alles verschlingt, in großen Happen, ohne lange zu kauen, gierig, gedankenlos, vielleicht, weil er früher so hungrig war, vielleicht auch, weil er sich einer satten Zukunft nicht sicher ist. Aber wird dieser Vielfraß Kinder haben?

Man könnte glauben, die Schwangeren würden sich in ihren Wohnungen vor fremden Blicken verstecken, es sei peinlich, unmodern oder kriminell, in Moskau Kinder zu bekommen. Seltsam, Kinder begegnen einem in Moskau schon hier und da, sie werden in schnittigen Kinderwagen um den Teich am Neuen Jungfrauenkloster spazieren gefahren, aber schwangere Frauen sind wie vom Erdboden verschluckt. Und wenn man mal einer Schwangeren in einem Geschäft oder auf der Straße begegnet, starrt man unwillkürlich ihren runden Bauch an. »Was ist denn mit der los? Die traut sich aber was!« Als handle es sich um eine Heldentat. Im sowjetischen Moskau gab es weit mehr schwangere Frauen, Schwangerschaft wurde nicht direkt propagiert, war aber ein fester Bestandteil des Lebens. In den Frauenberatungsstellen hingen Plakate, die detailliert, mit typisch sowjetischer Schwäche für physiologische Prozesse, Fragen der Hygiene während der Schwangerschaft behandelten – für zeitlose, dauergewellte und dickbeinige Frauen. Schwangerschaften kamen häufig vor, ungeachtet dessen, dass Windeln und Kinderkleidung nur schwer zu bekommen waren. Jeden Tag fuhr ich in aller Herrgottsfrühe mit der Straßenbahn auf den Leninski-Prospekt zu einer speziellen Ausgabestelle von Babynahrung, um nach ewigem Schlangestehen Kefir für meinen einjährigen Sohn zu bekommen. Ich gab leere Flaschen ab und bekam dafür neue volle Flaschen.

»Wenn heutzutage eine junge Frau schwanger wird, dann ist das meistens ungewollt«, sagt Anja spöttisch.

Ich blicke zu ihrer Tochter hinüber. Lisa nickt.

»Ich bin vierzig! Vierzig! Wer braucht mich noch?«, hämmert es im Kopf von Lisas Mutter. »Es gab eine Zeit, da galt ich zu Recht als schönste Künstlerin Moskaus!«

Vor sechzehn Jahren bekam Anja in der Geburtsklinik Nr. 25 in der Fotijewa-Straße, zu der man nur über Beziehungen Zutritt erhielt, ihre Tochter Lisa. Das war im Jahr 1988; die Intelligenzija war wie betrunken von den neuen Freiheiten, jeder Tag brachte frohe Kunde vom Schrumpfprozess des Totalitarismus. In jenem Jahr erschien die erste russische Ausgabe von Nabokovs »Lolita« mit einem Vorwort von mir. Ich lernte Anja vor zehn Jahren auf einer Vernissage kennen. Sie bat mich mit tiefer beschwipster Stimme um Feuer. Eine freche Locke fiel ihr in die hohe Stirn.

»Lisa ist ein Perestroika-Kind«, sagt Anja, die bei mir zu Hause in der Küche sitzt. »Gleich nach der Geburt habe ich gesehen, dass ich ein perfektes Baby zur Welt gebracht habe, ein Super-Baby, ein Kind, wie von Raffael gemalt.«

Lisa trinkt Rotwein. Funkelnde Augen, die manchmal etwas kokett blinzeln. Gierig zieht sie an ihrer Zigarette. Lisa hat einen roten Mund. Sie raucht am liebsten die roten Marlboro.

»Hättest du gedacht, dass sie eines Tages wie Marilyn Monroe aussehen wird?«

»Ich war mir sicher, dass es ein multikulturelles Kind wird.«

In dieser Hinsicht lag die Mutter nicht daneben. Lisa hat sich dermaßen gestylt, dass sie aussieht wie eine geklonte Monroe in jungen Jahren.

»Alles eine Frage des Unterbewusstseins, des früheren Lebens«, erklärt Lisa. Sie nuschelt, wie es unter Jugendlichen gerade Mode ist. »Manchmal träume ich, dass Marilyn und ich zusammen in der Psychiatrie liegen. Sie ist einmalig. Voll rührend. Alle meine Klamotten sind im Sechziger-Jahre-Stil.«

Sie weiß noch nicht, dass man sie ein Jahr später als Tablettenjunkie in einer Klinik willkommen heißen und sie statt zur Monroe zu einer leicht entflammbaren Toilettenfixerin stecken wird.

»Lisa zieht sich genauso an wie die jungen Leute in London«, näselt Anja stolz.

London hin oder her, der vollbusige Moskauer Teenager trägt grellgrüne knallenge Hosen, auf dem ebenso grellrosa T-Shirt prangt in Glitzerperlen das Wort LOVE. Anja trinkt gern. Lisa auch. Bei Mutter und Tochter färben sich die Wangen erst rosa, dann rot und schließlich glühend rot. Beide sind permanent heiß. Fahrige Handbewegungen am runden Küchentisch.

»Mama hält mich für ein Flittchen, einmal hat sie sogar *Nutte* zu mir gesagt«, sagt Lisa, als ihre Mutter zum wiederholten Mal mit ihrem Handy aus der Küche stürzt, um zu telefonieren. »Ihr ist es scheißegal, woher ich mein Geld habe, Hauptsache, ich will keins von ihr. Wenn ich ihr Zigaretten kaufe, dann bekomme ich nie das Geld dafür wieder.«

Ich wiege ungläubig den Kopf. Sie klettert in die Wanne, um zu baden. Sie hat Schamhaare von ebensolcher Monroe-

Farbe und – o Wunder der Symmetrie! – knallrote, auffällig angeschwollene Lippen.

»Also echt! Ich bin in alle ihre sexuellen Geheimnisse eingeweiht. Wir diskutieren über analen Sex. Und, wie ist sie beim Sex?«

Anja mit ihrer Neigung zu tiefer Nachdenklichkeit, ihren karamasowschen Fragen, Zweifeln an der Richtigkeit ihres Lebensweges, hat ein zwiespältiges Verhältnis zu Moskau, gleichzeitig fürchtet und liebt sie diese Stadt voller unkalkulierbarer Situationen. Sie reist oft nach Paris, das sie beinahe ehrfürchtig liebt; Paris, die ehemals verbotene Frucht, ist für sie das Ideal von Stadt und Kultur. Für Lisa bedeutet Paris lediglich eine von vielen Lebensmöglichkeiten. Lisa hat zu Paris ein für die Mutter beleidigend gleichgültiges Verhältnis.

»Ich kann mir mein Leben ohne Moskau nicht vorstellen«, sagt Lisa und plätschert in der Wanne herum. »Darum gefällt es mir sehr. Für mich ist nicht die Stadt an sich wichtig, sondern die Leute um mich rum. Und weil alle Leute, die ich mag, in Moskau leben, verändert sich für mich die Stadt, je nachdem, was gerade passiert.«

Lisa spricht mit einer Selbstsicherheit, die der begabten Mutter fehlt.

»Ich bin sehr musikalisch, ich schreibe Lieder auf Englisch. Viele werfen mir vor, ich sei nicht patriotisch, aber das stimmt nicht. Ich liebe die besten Seiten von Russland. Aber vom Landleben halte ich gar nichts. Ich bin einfach verwöhnt vom schönen Großstadtleben.«

Lisa mag die Zuckerbäckerhochhäuser mit ihrer Stalin-Gotik, die breiten Prospekte bei der Moskauer Universität. Dort, meint sie, sind »die mystischen Orte von Moskau«.

»Ich fühle mich da sehr entspannt. Da schlägt das Herz von Moskau.«

Anja hat ihr Leben lang die Stalin-Architektur als Vergewaltigung des Menschen durch den Staat abgelehnt, Lisa hingegen empfindet diese Gebäude als die einzige originelle stilistische Besonderheit der Stadt. Die Stalin-Kultur findet sie spannend. Lisa liebt die Moskauer Metro. Sie meint, dass diese unterirdischen Paläste »Moskau definieren«.

»Bei uns zu Hause witzeln wir«, sagt Anja leicht ironisch, »dass Lisa bestimmt die Lieblingsschauspielerin von Stalin gewesen wäre.«

Wenn es jedoch um die Person Stalin geht, wird Lisa für einen Moment ernst.

»Ich will keinen Kommentar zu ihm abgeben. Eine widersprüchliche Persönlichkeit, die ich nicht gut finden kann. Aber alles hat seine guten Seiten. Wenn es Stalin nicht gegeben hätte, dann wäre alles womöglich noch schlimmer gekommen.«

Anja und ich wechseln Blicke, wir verstehen nicht, *was* noch schlimmer hätte kommen können, als es gewesen ist, aber Lisa ist bereits woanders.

»Ich will mich nicht an Begriffen wie gut und böse festklammern. Für mich ist das Wichtigste, ob du jemandem vertraust oder nicht. Ich finde Hinduismus total interessant. Das ist wohl wegen George Harrison, dass ich diesen Weg eingeschlagen habe, obwohl, natürlich entspreche ich nicht allen Vorschriften, schon deshalb, weil ich keine Asiatin bin. Ich mag vegetarische Restaurants. Ich hoffe, dass ich eines Tages ein harmonischer Mensch sein werde und lerne, andere Menschen richtig einzuschätzen.«

In Moskau läuten an Feiertagen die Glocken, die Kirchen sind restauriert, doch Lisa zögert, sich der triumphierenden Kirche in die Arme zu werfen.

»Lisa hat gleich die Annäherung zwischen Kirche und Staat gespürt.« Anja kommt in die Küche zurück. »Hast du noch Wein da?«

»Ja, dieses Kultivieren der orthodoxen Religion gefällt mir gar nicht«, sagt Lisa stirnrunzelnd.

Neben Liedern möchte Lisa auch Bücher schreiben. Sie hat bereits ein Sujet für ihren ersten Roman und sogar schon einen Soundtrack geschrieben. Der Roman heißt »Eine Frau und eine Frau«.

»Für das erste Honorar kaufe ich mir rosa Stiefel!«, träumt Lisa. »Willst du wissen, was ich mir zum Geburtstag wünsche? Chanel Nr. 5!«

»Alles klar«, sage ich.

Lisotschka zieht einem das Geld aus der Tasche, wenn auch nicht übertrieben. Ich erinnere mich noch an Lisa als Achtjährige. Sie war schon damals ein begabtes Mädchen mit strahlenden Kulleraugen. Anja zeigte mir einmal Lisas Geschichte vom Elefanten und vom Tiger. Die Geschichte hatte etwas Prophetisches, obwohl, was genau, blieb im Dunkeln. Lisa begann sich schon mit vier Jahren für Sex zu interessieren und reagierte sehr beleidigt auf die Eltern, als diese in ihrer Anwesenheit Liebe machten. Sie hat bereits eine unglückliche Liebe mit einem »sehr schöpferischen Menschen« hinter sich; sie hat etwas zu erzählen.

»Ich kann nicht sagen, dass eine russische Staatsbürgerin meinen Roman schreibt, denn die Grenzen sind verwischt. Die Handlung spielt in Moskau, aber die Heldinnen sind Europäerinnen, Ehefrauen von verschiedenen Geschäftsleuten. Es gibt ein lesbisches Thema.«

»Wie steht deine Mutter dazu?«

»Sie möchte nicht, dass ich das in die Tat umsetze.«

Anja nickt zustimmend. Ich frage leicht spöttisch:

»Kann man über lesbische Liebe schreiben, ohne sie erlebt zu haben?«

»Wer hat gesagt, ohne sie erlebt zu haben?«, wundert sich die

Tochter. »Aber ich glaube, so was passiert bei uns meistens als Experiment oder aus Verzweiflung. Nichts kann schöner sein als der weibliche Körper. Ich mag Sex wie jeder normale gesunde Mensch, obwohl es mir nicht egal ist, mit wem. Ich kann das nicht ab, wenn unter extremen Bedingungen was läuft, und Gruppensex kann ich nicht ausstehen. Das ist Verrat an der Intimität in der Liebe.«

Als es schließlich zum Gruppensex gekommen war, lag Lisanja schmollend auf dem Bett und knackte bunte Drops. Sie war sonst immer diejenige, die bestimmte, wo's langging, und ihr schien, dass sie diesmal beim Sex nicht die erste Geige gespielt hatte. In Wirklichkeit war Poletschka, das Vögelchen, einfach besser.

»Wir müssen mal ein Hauskonzert für sie organisieren«, schlug die praktische Poletschka vor. »Sie sollte in Nachtklubs singen.«

Lisa hält nichts von »Altersgrenzen«. Mit fünfzehn hat sie ihre Unschuld verloren (für eine Moskauerin völlig normal; in der russischen Provinz verlieren die Mädchen ihre Unschuld noch früher), und zwar mit einer Zufallsbekanntschaft. Danach legte sie sich einen dreißigjährigen Boyfriend zu, einen erfolgreichen Geschäftsmann, der in einer Stadtvilla wohnt, den sie einmal die Woche trifft und der mit ihr alles außer seinen Geschäften bespricht.

»Ein Ganove?«, frage ich.

»Ich glaub nicht«, sagt Lisa etwas unsicher.

Was die Anzahl der Liebhaber betrifft, so hat sie ihre Mutter noch nicht eingeholt, aber ihren Berechnungen zufolge nähert sie sich der Fünfzigprozentmarke. Anja, dem Journalismus nicht abgeneigt, interviewte mich seinerzeit zum Thema Liebe, während sie im Badezimmer auf dem Fußboden saß und ich bis zur Nasenspitze im Schaum in der Badewanne. Das Interview war für die Zeitschrift »Die Bäuerin«, ein Relikt aus der Sowjetzeit. Es erschien nirgends. Oder täusche ich mich? Das Gedächtnis ist schwach, wenn Liebe im Spiel ist. Sie hatte fürchterliche Schmerzen im Unterleib. Ein grandioses Liebesprojekt war mit Trichomonaden zu Ende gegangen. Sie litt. Zwischen Anja und mir besteht eine alte Seelenverwandtschaft. Zwischen Lisa und mir besteht eine junge Seelenverwandtschaft. Interessante Sache.

»Und wie ist Lisa? Kann sie's?«

Wie soll ich sagen? Lisa findet, französische Liebe ist kein Sex.

»Einmal habe ich es im Theater französisch gemacht. Während der Vorstellung.«

Lisa macht es gern französisch.

»Ich finde Schwanzlutschen toll …«

Es französisch zu machen bedeutet für sie Macht über den Mann auszuüben. Lisa ist ein herrschsüchtiges Mädchen. Einmal kam Lisa beleidigt an. Ein Junge aus dem ersten Semester hatte sie auf der Datscha gebumst und danach nicht einmal nach ihrer Telefonnummer gefragt.

»Sex ist für mich, wenn *er* in mir ist.«

»Im Mund ist nicht in dir?«

Lisa lacht schallend. Anja ist Romantikerin. Lisa auch.

»Wenn ich den Roman geschrieben habe, gibt's rosa Stiefel. Hilfst du mir, ihn zu veröffentlichen?«

Lisa hat noch einen richtigen Kinderpopo, und Anja hat ein breites Becken. In der Sauna rückte Poletschka näher an Lisotschka heran. Poletschka trug einen Badeanzug, Lisotschka nichts. Hilf ihr. Na klar. Sie streichelte Lisotschkas Arme. Die Ärmchen. Beinchen, Ärmchen. Sie begannen zu schnurren. Nachts tranken sie an der Zapfsäule direkt aus der Flasche Sekt, der nach Hefe schmeckte. Zu Drogen hat sie ein »ironisches«

Verhältnis, aber sie findet, dass man »kein Spielverderber sein darf und alles mal ausprobiert haben muss«.

»Stimmt natürlich nicht.«

Den Unterschied zwischen ihren Ansichten und denen der Mutter drückt Lisa mit einem Satz aus:

»Mama will überleben und mich in ihre Philosophie hineinziehen, aber ich will leben.«

»Hat Russland eine Zukunft?«

»Da bin ich sicher.« Lisa sieht mich verblüfft an. »Ich bin ein Teil von seiner erfolgreichen Entwicklung. Putin finde ich toll.«

Das Moskau von 1985 und die heutige Metropole haben praktisch nichts gemein als den Namen. Aber das Gespräch darüber verwandelt sich immer öfter in leeres Gerede. Niemand kann es mehr hören, dass Moskau sich verändert habe, grundsätzlich anders geworden sei.

»Mama hat keine Ahnung, wie man Geld verdient«, klagt Lisa, als Anja erneut wie der Blitz aus der Küche schießt, um zu telefonieren. »Sie verlangt so unverschämte Preise für ihre Arbeiten, dass keiner sie kaufen will. Sie arbeitet nicht für den Markt. Das wäre ihr peinlich. Das ist nichts für sie. Sie träumt mehr von einer neuen Liebe als von der Arbeit. Sie ist in Gedanken immer im Bett.«

Lisas Eltern leben in gutem Einvernehmen, wenn auch an unterschiedlichen Enden von Moskau. Wegen Wohnungsproblemen.

»Vater vertraut mir auch seine Geheimnisse an«, gesteht Lisa. »Er findet, dass Mama ...«

Anja kommt herein. Sie liebt das mondäne Leben. Bei Empfängen in ausländischen Vertretungen bittet sie mich immer, sie den Botschaftern der verschiedenen Länder vorzustellen. Sie hätte am liebsten eine doppelte Staatsangehörigkeit. Wahrscheinlich hat sie dafür ihre Gründe.

»Worüber sprichst Du?«, fragt Anja diplomatisch.
»Darüber, dass einige meiner Freundinnen frigide sind.«
»Also echt!«, sagt Anja erschrocken (ihr familieninternes »also echt!«).
Sie erschrickt ausdrucksvoll. Immer theatralisch. Manchmal nicht zur Sache. Anja hat viele verwegene künstlerische Pläne. Einmal löcherte sie mich, drei Lastwagen Sand für eine Installation aufzutreiben, aber ich hatte nicht genug Beziehungen zur Moskauer Stadtverwaltung. Die Tochter möchte noch berühmter werden als die Mutter. Schweren Herzens muss ich sagen, dass das kein Problem sein dürfte. Anja hat einen sehr schönen Rücken; ihr Foto, auf dem sie halb entkleidet zu sehen ist, hängt bei mir im Computerzimmer. Lisa ist ein Fan von Fotosessions. Ich schiebe den Moment vor mir her, an dem ich mir Lisas englische Lieder anhören muss. Lisa und Anja beteuern, dass die Lieder sogar Artjemi Troizki, dem Musikkritiker, gefallen. Ich müsse sie mir unbedingt anhören. Ich weiß nicht, warum, aber ich muss an Madame Chochlakowa aus den »Brüdern Karamasow« denken. Lisa fügt hinzu, ihr jüngerer Bruder sei auch sehr begabt. Der Tag des Hauskonzerts ist gekommen. Poletschka läuft voraus. Lisanotschka und ich hinterher. Wir klingeln an einer roten Tür. Immer hereinmarschiert. Ich fühle mich als großer Gönner. Wir nehmen Platz. Poletschka legt ihre schmalen Hände auf die Knie. Lisa greift in die Tasten. Neueste Technik. Wasserfälle stürzen die Wände herab. Alles glitzert und funkelt. Sie hämmert in die Tasten. Sie singt. Mein Freund zieht eine schreckliche Grimasse.

»Lass man gut sein«, flüstert er mir zu. »Meine Frau, das ist ein anderes Kaliber.«

Wir hören altschottische Balladen. In der Interpretation seiner Frau. Kein Vergleich! Moskau hat sich innen verändert. In der Stadt schlägt ein anderes Herz. Sie ist eine Modepuppe –

auch sie färbt sich Haupt- und Schamhaar in derselben Farbe, hat knallrote Schamlippen. Moskau sagt nicht mehr »Na los, ich blas dir einen!«, sondern »Möchtest du, dass ich ihn in den Mund nehme?«. Lisa hat Angst, dass sie bei der Aufteilung des Wohnraums zu kurz kommt. Familie! Lisa glaubt, dass ihr Busen noch größer wird. Mindestens um eine Größe. Besser noch zwei! Sie wird auf die Universität gehen. Ihre Freundinnen werden von ihr begeistert sein. Ihre Lehrer werden verrückt nach ihr sein. Die ganze Universität wird sie »Marilyn« nennen. Auf den Proben werden alle Jungs einen Ständer kriegen. Das ganze Olympia-Stadion wird ihrem Talent zu Füßen liegen. Und jener Junge aus dem ersten Semester, der nicht nach ihrer Telefonnummer fragte, wird sich in den Arsch beißen. Lisa kommt groß raus beim nächsten Europäischen Schlagerfestival. Dann kauft sie sich endlich rosa Stiefel.

Die Erzählungen »de profundis«, »Wangenknochen und Nase und eine Schlucht«, »Einer zuviel«, »Serie«, »Die trüben Wasser der Seine«, »Im Vorbeifahren«, »Der Feind«, »Elternversammlung« und »Der Bauchnabel« erschienen bereits in dem Erzählband *Pupók* (*Der Bauchnabel*) bei ZebraE, Moskau 2002.
»Die Macht des Richtsplatzes« wurde 1999 in *Russkie zwety sla* (*Die russischen Blumen des Bösen*) bei Podkowa, Moskau, veröffentlicht, und die Erzählung »Kugelblitz« in *Scharowaja molnija* (*Kugelblitz*) bei ZebraE und Eksmo, Moskau 2005.
Bei »Mütter und Töchter« handelt es sich um eine unveröffentlichte Erzählung.

© 2006 Viktor Jerofejew
Für die deutsche Ausgabe
© 2006 Berlin Verlag GmbH
Alle Rechte vorbehalten
Umschlaggestaltung: Nina Rothfos & Patrick Gabler
Typografie: Birgit Thiel
Gesetzt aus der Caslon durch psb, Berlin
Druck und Bindung: Ebner & Spiegel, Ulm
Printed in Germany
ISBN 13: 978-3-8270-0637-0
ISBN 10: 3-8270-0637-6

Viktor Jerofejew
Der gute Stalin

Roman

Vatermord im Schatten Stalins. Viktor Jerofejews bewegende Doppelbiografie.

Viktor Jerofejew wuchs im Herzen der politischen Macht auf, sein Vater gehörte zum Stalin'schen Hofstaat. Die Welt der privilegierten Herren porträtiert der Autor mit melancholischem Spott, zugleich wahrt er jedoch den Blick des Kindes, das nicht anders kann, als den Vater zu lieben. Kindliche Sicht und historisches Wissen sind die Pole der Wahrnehmung, aus denen der Text seine Spannung bezieht. Letztlich aber ist dieser eindrucksvolle Roman die Geschichte der Geburt eines Schriftstellers und Dissidenten, die Geschichte des Triumphs der künstlerischen Freiheit – dank des politischen Mordes an seinem Vater wurde der Autor paradoxerweise ein freier Mensch. Dass ihm ebenjener »Ermordete« zur Seite steht, als die politische Verfolgung einsetzt, zeugt von der menschlichen Größe der Protagonisten dieses literarischen Zeitzeugnisses.

»Eine Biografie ganz eigener Art: Viktor Jerofejew erzählt einen dramatischen Vater-Sohn-Konflikt im Schatten Stalins und seiner Nachfolger als bewegende Doppelbiografie.«
Frankfurter Allgemeine Zeitung

BERLIN VERLAG

Vladimir Sorokin
Ljod. Das Eis

Roman

Ein Roman über die menschliche Suche nach dem verlorenen Paradies. Ironisch greift der russische Kultautor Vladimir Sorokin in seinem Buch Themen zeitgenössischer Fantasien und populärer Alltagsmythen auf. Es entsteht ein sehr unterhaltsamer, atemberaubend spannender Text, der in seiner zeitkritischen Doppeldeutigkeit an Bret Easton Ellis, Michel Houellebecq oder Christian Kracht erinnert.

»Ein fantastischer, intelligenter und brillanter Roman.«
Focus

»Dem allmählichen Anklopfen der Welt im Allgemeinen und Russlands im Besonderen, dem Siegeszug einer Bruderschaft der Herzen, ist dieser Roman gewidmet ... So gut, so vernichtend gut und wahr ist dieser Roman.«
Süddeutsche Zeitung Literatur Spezial

BERLIN VERLAG

Gary Shteyngart
Handbuch für den russischen Debütanten

Roman

Geboren ist Vladimir Girshkin in Leningrad, mit zwölf kam er nach New York. Jetzt ist er 25 und fragt sich, ob sein Job im Emma-Lazarus-Verein zur Integration ausländischer Einwanderer tatsächlich das Ziel seiner gesammelten Anpassungsstrategien gewesen sein soll. Jedenfalls will er endlich zu Geld kommen. Was liegt näher, als bei der Russenmafia einzusteigen. Vladimir verlässt New York und stürzt sich in eine aberwitzige Blitzkarriere in Prawa, der Hauptstadt des Wilden Ostens. Und bald sieht es so aus, als fände er hier, was er im reichen Westen gesucht hat ...

»Ein gewitzter Kommentar auf die Ostblocknostalgie.«
Süddeutsche Zeitung

»Eine schwarze Komödie zwischen USA und altem Europa.«
Vogue

»Ein Unterhaltungsroman? Ja, und einer der rasantesten Art, witzig, spannend und atemberaubend schnell.«
Stuttgarter Zeitung

BERLIN VERLAG